凤凰师轩
FENGHUANG SHIXUAN

行知工程
Education
教育新思考系列

走出语文的偏见

让学生体悟文本的原义

从智芳 著

江蘇鳳凰教育出版社
Phoenix Education Publishing, Ltd

图书在版编目（CIP）数据

走出语文的偏见：让学生体悟文本的原义/丛智芳著.
—南京：江苏凤凰教育出版社，2015.3

ISBN 978-7-5499-2834-7

Ⅰ.①走… Ⅱ.①丛… Ⅲ.①小学语文课—教学
研究 Ⅳ.①G623.202

中国版本图书馆 CIP 数据核字（2014）第 302479 号

书　　名	走出语文的偏见——让学生体悟文本的原义
作　　者	丛智芳
责任编辑	午新生　雷利军
出版发行	凤凰出版传媒股份有限公司
	江苏凤凰教育出版社（南京市湖南路 1 号 A 楼　邮编 210009）
苏教网址	http：//www.1088.com.cn
照　　排	润星之源文化有限公司
印　　刷	三河市华润印刷有限公司
厂　　址	河北省三河市杨庄镇杨庄村
开　　本	787 毫米×1092 毫米　1/16
印　　张	15.75
字　　数	219 千字
版　　次	2015 年 3 月第 1 版　2015 年 3 月第 1 次印刷
书　　号	ISBN 978-7-5499-2834-7
定　　价	30.00 元
网店地址	http：//jsfhjycbs.tmall.com
邮购电话	025-85406265，85400774　短信　02585420909
E - mail	jsep@vip.163.com
盗版举报	025-83658579

总 序

癸巳年夏，行走内蒙古草原，得以结识《内蒙古教育》主编孙志毅老师。我见到的孙老师，是学问中人，也是性情中人，满腹诗书，一身清爽。我喜欢听他谈古说今，描摹当地掌故名物，而逢应酬的场合，他却如局外人一般，淡漠无言，我更心生欢喜。现在，他牵头编辑“教育新思考系列”丛书，收六位作者的教育随笔和教研手记，嘱我作序，我欣然命笔。我素来由人判断事的价值，相信“纯粹之人必做纯粹之事”。六位作者皆是内蒙古基础教育领域的精英，从书名就可以看出他们“行走”的足迹，可以一睹他们长途跋涉的风姿——王丛老师三十年苦苦寻觅，回望百年来语文教育走过的路程，倡导从先人那里获得智慧；韩中凌老师的“批注式阅读”，同样承继了“不动笔墨不读书”的古训，让我想起脂砚斋、金圣叹、张竹坡；曹龙老师的语文教育理念显然脱胎于叶圣陶先生，但他在实践中摸索出的操作方法值得称道；而丛智芳老师从小处入手谈语文教育之宏旨和马建秀老师“跳出数学教数学”的跨学科思维同样给我们深刻的教育启迪。

在他们的这趟教育之旅中，我很乐意做一个随行者，说一点外行的想法。

基础教育是学校教育的重要阶段，我认为也是最艰难的一个阶段。怀特海在论述智力发展阶段时指出：小学和大学都以自由为主导，唯有在中学阶段，纪律是主导，自由必须从属于纪律。按照我的理解，自由是顺应兴趣，而纪律是服从必须。在小学阶段，智力教育的重点是激发和培育一般的求知兴趣，在大学阶段，则是根据业已明确的兴趣方向自主地学习。中学阶段的情况却大不相同，不管是否感兴趣，学生必须学习大量基础知识和技能。因此，中学生是最辛苦的，中学老师也是最难当的。当然，没有兴趣的学习是低效率的，而困难正在于如何引导学生对必须学的知识产生兴趣，使纪律成为自由选择的结果。事实上，即使在学习基础知识的过程中，有三个因素也是具有超越知识本身的价值的，那便是：

1. 通过文史哲课程的学习受到人文熏陶，使之拥有丰富的心灵和高贵的情怀；

2. 通过数理化课程的学习得到思维训练，培养智力活动的兴趣和习惯；

3. 通过全部课程的综合，了解人类知识的概貌，犹如在胸中画一张文化地图，为确定个人兴趣方向和今后专业选择提供依据。

在我看来，这三者是比知识更重要的目标，而如果它们在教学中得到充分的体现，就能够大大提高学生学习知识的兴趣和效率。

无论是教中小学还是大学，教师都应该具备优良的精神素质。他自身是一个热爱智力生活、对知识充满兴趣的人，才能够在学生心中点燃同样的求知热情。他自身是一个人性丰满、心灵丰富的人，才能够用贴近人性、启迪心灵的方式去教学生。除此之外，鉴于基础教育的特点，对中学教师还有特殊的要求。

其一，基础课程横跨文理，科目多，知识量大。因此，中学教师特别要讲究教学艺术，寻求效率的最大化。对于所任的课程，他要善于精选学生必须精确而牢固地掌握的关键内容，把这些内容真正讲透，因而不必勉强学生去熟记许多次要的东西。这样的教学既能节省学生的精力，又容易引发学生的兴趣。当然，要取得这样的效果不能单凭方法，教师自己必须相当精通所任的课程，对基本原理能够融会贯通，举一反三。

其二，中学教育实质上是通识教育。因此，中学教师应该是一个通识之才，一个某种程度上的“杂家”，有广阔的知识面，这样才能够触类旁通，把所任的课程教得生动活泼，趣味十足。学生的天赋类型是有差别的，未必都对你所教的这门课程有兴趣，但是一个好的教师可以做到两点，一是使天赋类型适合的学生产生浓厚的兴趣，二是使天赋类型未必适合的学生产生一般的兴趣。

说了上面这些外行的想法之后，我愈发相信我的这个判断了：中小学老师是最难当的，小学尤其如此。因此，我要向本丛书的六位作者、也向全国基础教育领域的每一位优秀教师表示我深深的敬意。

周国平

2014 年 6 月 11 日

目录

CONTENTS

走出对文本的偏见

走向精彩的课堂

走对教育的步伐

走出对文本的偏见

老舍此中“境界”，即是季老彼中“境界”。“人人为我，我为人人”，误尽语文教师矣。

偏　见

——对文本解读的误区

有时候，你会落入偏见的罗网不自知。

一位老师教学人教版教材二年级下册《画家和牧童》一文，在提到商人和教书先生的时候，她问学生：

“看了戴嵩的画，财大气粗的商人怎么说？文绉绉的教书先生怎么说？”

她用“财大气粗”暗示商人的铜臭气，用“文绉绉”暗示教书先生的酸腐味。有了这样的偏见，你会觉得商人和教书先生看画是附庸风雅，赞画有点类似捧臭脚，阿谀奉承。

其实不然。为什么这个故事单单写了商人和教书先生的话呢？写商人，取其眼界的开阔——商人走南闯北，见多识广；写教书先生，取其文化的高度——教书先生识文断字，知识渊博。那么，戴嵩画画，商人、教书先生们看画，本是一桩极雅的事，画是真好，看画的人是真懂，夸画的人是真夸，才见其雅致品位。在这样的氛围中，连小小的牧童都不见一丝粗鄙，你听他的话：“这牛尾巴画错了。两牛相斗的时候，全身的力气都用在角上，尾巴是夹在后腿中间的。您画的牛尾巴是翘起来的，那是牛用尾巴驱赶牛蝇的样子。您没见过两牛相斗的情形吧？”

偏见的另一种表现形式是，许多老师在板书课题时，把“画家”二字写得极大，“牧童”二字写得极小，给学生造成一种视觉上的冲击，冲击的最终目标是：大画家没什么了不起，有时候还不如小牧童。偏见的继续就是，商人和教书先生也不例外。

有一位老师教学人教版教材四年级下册《鱼游到了纸上》一文。课文中有一句话："他告诉我，他学画才一年多，为了画好金鱼，每个星期天都到玉泉来，一看就是一整天，常常忘了吃饭，忘了回家。"

老师于是设计这样的情境，引导学生读书：

一个春光明媚的星期天，（生读）那个青年一看就是一整天，常常忘了吃饭，忘了回家；

一个烈日炎炎的星期天，（生读）那个青年一看就是一整天，常常忘了吃饭，忘了回家；

一个秋风习习的星期天，（生读）那个青年一看就是一整天，常常忘了吃饭，忘了回家；

一个寒风刺骨的星期天，（生读）那个青年一看就是一整天，常常忘了吃饭，忘了回家。

用这样的方法，言尽青年观鱼的春夏秋冬，表现青年学画的执着有恒。问题是：学画才一年多，看鱼就一年多？

一位老师教学人教版教材四年级下册《纪昌学射》一文。她设计了一个情境，引导学生读书：

夏天，天气炎热，蚊虫叮咬，（生读）妻子织布的时候，他躺在织布机下面，睁大眼睛，注视着梭子来回穿梭。

冬天，天寒地冻，寒气逼人，（生读）妻子织布的时候，他躺在织布机下面，睁大眼睛，注视着梭子来回穿梭。

此时，你突然就有一个想法：难道纪昌妻子是在室外织布吗？

几乎是在同一个时间段，听到如此相似的教学设计，让人不得不思考：老师们为什么要这样做呢？以为无所不用其极，凡事做到极致，才足以表现人物吗？比如青年的用心、纪昌的坚持？这又是一种偏见。

物极必反。课堂上，常常因为这样的过度强调，而生出许多不该有的问题。

点　评

——如何更好地理解文本真义

一、对文学作品的意会

教学人教版教材四年级下册《触摸春天》一文的时候，我听到老师在问学生："'神奇的灵性'是什么意思?'神奇的灵性'来源于哪里?"说来说去的结果是，"神奇的灵性"就是内心的感受，就是对生活的热爱；因为小女孩安静整天在花丛中流连，就有了神奇的灵性了。

我听过好多老师讲人教版教材六年级下册《跨越百年的美丽》，他们带领学生读书的整个过程，就是体会居里夫人美丽在哪里。于是就出现了这样的理解：居里夫人相貌是美丽的，探索精神是美丽的，淡泊名利是美丽的……其中多有牵强附会。

语文教材中多是文学作品，这些作品有很多时候是极具文学性的表达。对诗意的表达怎能进行坐实的求证？如果是这样，我真担心学生会问"春天的深处"是什么地方（《触摸春天》），担心学生会问"天高地阔地吃起来"是什么意思（《乡下人家》）。这样的句子怎么理解？唯一的方法就是好好读一读，读好了，意会了就行了。语文学习除了确实的理解，还有不能言传的意会，而意会，是我们常常忽略的方法。意会之妙，比真切解释更给人美感。

二、对文学作品进行有深度和强度的思

语文教学不仅要有听说读写，还要有一定深度和强度的思。我常常觉得学语文太容易了，老师问的问题学生张口就能回答，丝毫不用费脑子，因为答案基本都在课文中呢。浅问题造成浅学习，一节课下来，你闭着眼睛想一想，学生学了点什么呢？想不出来。

我喜欢一个老师讲人教版教材五年级下册《将相和》时提出的一个问题：你能说服廉颇他的想法是错误的吗？我以为这下好了，学生通过自读，从“完璧归赵”“渑池之会”“负荆请罪”这三个小故事中，提取关于蔺相如不是凭着一张嘴做官的信息，然后整合，有理有据地反驳廉颇，这是有深度和强度的读，也是有深度和强度的思，还是有一定难度的说，一举多得。可惜的是，老师不放心，还是领着学生一个一个故事来读。

人教版教材二年级下册《蜜蜂引路》一课，我以为应该有一个深度思考的环节，比如列宁不知道养蜂人在哪里，怎么就找到了呢？“果然”一词大有味道——跟想的一样啊，不出所料啊！可是老师只让读出“果然”中透出的欢喜，说列宁很会动脑筋，但列宁的脑筋究竟是怎样动的，就不管了。

三、读懂文体中的人物

有时候，一个人物怎么样，不给他贴个标签就觉得学生不懂这个人物。对于人教版教材三年级下册《画家和牧童》一文里的牧童，都说他敢于挑战权威；对于人教版教材三年级下册《她是我的朋友》一文里的阮恒，也说他很勇敢。仿佛这样，才算完满。

牧童勇敢吗？他敢于挑战权威？我倒是觉得他很天真，童言无忌，你听他教戴嵩的一篇话，讲得多么头头是道，像一个小老师！他哪里有权威的意识，他只是在说他知道的熟悉的牛而已。倒是戴嵩，很勇敢，跟一个小孩子拱手道谢，能放下著名画家的身段，闻过则喜。

阮恒很勇敢吗？准备献血犹豫再三，献血过程一直哭泣，多么胆小怕死的孩子！胆小怕死，为了朋友还要准备赴死，这才见阮恒的了不起，才让人感动。

四、读懂文学作品的作者

我听学生读人教版教材四年级下册《生命　生命》一文，尤其是读到后面的句子时，突然就激昂起来了，甚至于嚷起来了："虽然生命短暂，但是，我们却可以让有限的生命体现出无限的价值。于是，我下定决心，一定要珍惜生命，决不让它白白流失，使自己活得更加光彩有力。"

像宣誓。

我听老师总结，她抓住开头的话——"我常常想，生命是什么呢？"生命是飞蛾求生的欲望，生命是瓜苗成长的勇气，生命是脉搏不停的跳动。

走近作者，你才知道她为什么"常常"想。因为她身患疾病，痛不欲生，几次想到自行了断，才会思考活着的意义。"我常常想，生命是什么呢？"她其实想的是，这样的残躯病体活着有什么意义呢？所以她开始为活着找理由。她开始关注陷于困境的生命：被捉住了的飞蛾，砖缝里的香瓜子，还有自己的心跳。它们都给她好的启示，都给她活下去的勇气——生命掌握在自己手里，好好的用它就是活着的意义，所以她才下定决心好好活下去。课文结尾那段话，可以是坚定的，可以是彻悟的，但一定不是宣告似的。

老师教学人教版教材四年级下册《乡下人家》一文，光是让学生体会乡下人家的独特迷人的风景，忘了作者的情和趣。他说竹笋“探出头来”，说鸭子“即使附近的石头上有妇女在捣衣，它们也从不吃惊”，说纺织娘“织，织，织，织呀……”，透着满心的喜欢、盎然的情趣，当然还有由衷的赞叹——瓜架有趣，在外面吃饭有趣，公鸡散步有趣，母鸡领着小鸡啄食有趣……一切都是有趣的，新鲜的。

老师教学《触摸春天》，问学生：“安静告诉我们什么呢?”安静只是作者看到的一个盲孩子，她捉到蝴蝶的事，她不知道有人看见。整个故事写安静，却跟安静没有任何关系，只跟作者有关系。作者把她看到的写下来，把她由此感慨到的写下来。要说告诉，也是作者想告诉读者什么。

我们总是说要跟文本进行对话，而文本，不光是读到的文章，还应该有文章的作者。

非彼境界

——读懂季羡林的《自己的花是让别人看的》

我们的数学教研员曾经很纳闷地问我：“你们语文教材中有一篇文章写德国的，叫什么花的？”

我说：“《自己的花是让别人看的》（人教版教材五年级下册）。”

他说：“对对，就是这篇。是写德国人‘人人为我，我为人人’的精神境界吗？”

我一下就笑了。连数学教研员都起疑的事，依然如此平常地发生着。

对文中“人人为我，我为人人。我觉得这一种境界是颇耐人寻味的”的误读早该停止了。

季羡林先生的这篇文章，编者看中的是异域风情，也的确表现了异域风情。而德国风情的特点是：爱花爱到让人吃惊的地步——

“家家户户都在养花。”

“走过任何一条街，抬头向上看，家家户户的窗子前都是花团锦簇、姹紫嫣红。许多窗子连接在一起，汇成了一个花的海洋，让我们看的人如入山阴道上，应接不暇。”

几十年后作者故地重游，“我走在街上，抬头一看，又是家家户户的窗口上都开满了鲜花。”

“境界”一词就在作者对满目鲜花感叹时，脱口而出。不少老师只撷取了前一句：“人人为我，我为人人。我觉得这一种境界是颇耐人寻味的。”人人为我，我为人人，多么熟悉的话，如同“舍己为人”一样，一下子拨动了老师的敏感神经，教育意识倏然警醒——这是一种高尚的精神境界！所谓“颇耐人寻味”，也成了不言的暗示，于是在这里大作特作起文章来。

事实有时候真的无情。略略往前读几句，或者一口气读下这一段，就会发现，此境界非彼境界也。

原文是这样的：

“走过任何一条街，抬头向上看，家家户户的窗子前都是花团锦簇、姹紫嫣红。许多窗子连接在一起，汇成了一个花的海洋，让我们看的人如入山阴道上，应接不暇。每一家都是这样，在屋子里的时候，自己的花是让别人看的；走在街上的时候，自己又看别人的花。人人为我，我为人人。我觉得这一种境界是颇耐人寻味的。”

“这一种境界”，不应是精神层面的，而是指看到的情景。如刘献廷《广阳杂记》中说，“梦寐中所见境界，无非北方幼时熟游之地”。这一种境界，恰是季老看到的情景。

如果再看一个熟悉的例子，老舍写的《草原》，就会有豁然的感觉。

“在天底下，一碧千里，而并不茫茫。四面都有小丘，平地是绿的，小丘也是绿的。羊群一会儿上了小丘，一会儿又下来，走在哪里都像给无边的绿毯绣上了白色的大花。那些小丘的线条是那么柔美，就像只用绿色渲染，不用墨线勾勒的中国画那样，到处翠色欲流，轻轻流入云际。这种境界，既使人惊叹，又叫人舒服，既愿久立四望，又想坐下低吟一首奇丽的小诗。在这境界里，连骏马和大牛都有时候静立不动，好像回味着草原的无限乐趣。”

这短短的一段中，出现了两次“境界”，几十年来，无人误读。老舍此中“境界”，即是季老彼中“境界”。

“人人为我，我为人人”，误尽语文教师矣。

其中误读的，怕是还有“风情”。读到最后，很多人以为“人人为我，我为人人”，即是作者要讴歌的异域风情。

什么是风情？

风情乃自然。深入骨髓又自然流露体现的才可以称得上风情。德国人的花都养在窗子外面，就自然形成了“在屋子里的时候，自己的花是让别人看的；走在街上的时候，自己又看别人的花”这种境界，不是刻意所为，（刻意所为的不是风情，是矫情）正是这种风情给作者很美好的感受，所以他才说“人人为我，我为人人。我觉得这一种境界是颇耐人寻味的”。

风情也绝不是一刹的风景，而是积淀在民族血液当中，长久流传的。几十年前，作者看到满目鲜花，如入山阴道上；几十年后，还是那样的满目鲜花，如入山阴道上。他看到之前多少年都是那样的，他离开之后若干年也是那样的，这才称得上“风情”。

如果一味无限上纲上线地解读，会败坏学生阅读的胃口，当然也使阅读教学走向教化的藕花深处。

草原之外

——怎样才能真正理解文本

老舍的《草原》（人教版教材五年级下册），是小学语文教材中的经典。

“这次，我看到了草原。”这是文章开头的一句话，突兀得让你愣神半天。我不知道用什么样的语气来读，老舍说这话时是什么心情呢？

是惊喜吗？仿佛是的。“这次，我看到了草原！”一定是他从来没有看到过草原，朝思暮想，如今夙愿得偿，惊喜万分。

是回味吗？仿佛也是。“这次，我看到了草原。”当是老舍离开草原后的绵长回味，看到了草原，亲眼看到，真真切切，有多少没有过的感受，有多少没有过的发现，都在“看到”里面了。

我在教《草原》的时候，对这句话产生过无穷无尽的联想。那个圆圆的句号，让你走不进老舍的心里，看不透这句话存在的必要。写草原开门见山不好吗？“草原的天比别处的更可爱，空气是那么清鲜，天空是那么明朗……”读起来多么大气舒展。

直到读到老舍的原文。这篇文章 1961 年 10 月 13 日发表在《人民日报》上，课文显然是经过了改编。老舍原文开头是这样的：

“自幼就见过了‘天苍苍，野茫茫，风吹草低见牛羊’这样的词句。这曾经发生过不太好的影响，使人怕到北边去。这次，我瞧到了草原。那里的天比别处的更可爱，空气是那么清鲜，天空是那么明朗……”

哦，豁然开朗！这里面有着前后认识的鲜明对比呢！去掉了对草原不太好的印象，草原的好如何凸显？老舍说“这次，我瞧到了草原”。是想说，草原根本不是想象中的样子，它好得超出了想象！意料之外的草原让他陶醉，让他入迷，让他难忘。有了这样的前因，就知道老舍想要写的既不是惊喜，也不是回味，而是对草原由衷的欣赏和赞美。

我还想起了另外一篇课文。

人教版教材五年级下册的《自己的花是让别人看的》，是季羡林先生的文章。文字当然没什么可说的，写德国人爱花之独特风情。奇怪的是，在文章的结尾这样写道：

“今天我又到了德国，刚一下火车，迎接我们的主人问我：‘你离开德国这样久，有什么变化没有？’我说：‘变化是有的，但是美丽并没有改变。’我说‘美丽’指的东西很多，其中也包含美丽的花。我走在街上，抬头一看，又是家家户户的窗口上都开满了鲜花。多么奇丽的景色！多么奇特的民族！我仿佛又回到了四五十年前，我做了一个花的梦，做了一个思乡的梦。”

学生读到这里，纷纷发问：“为什么仿佛做了一个‘思乡’的梦？”

文章从未有过思乡之情，字里行间也未见思乡之意，明白的说，季羡林一直在说德国，提到自己的时候，也是和房东太太就养花之事调侃，心情颇为愉快，感觉颇为惬意。结尾突然仿佛“做了一个思乡的梦”，这情致这缠绵无从说起。

如果想通过《自己的花是让别人看的》来表达异域风情，那么结尾到“多么奇丽的景色！多么奇特的民族”就戛然而止，多么干脆，多么简单。为什么留着这样一个小尾巴，不伦不类地挂在风情的后面？

是教材改编的瑕疵吗？看起来编者的目光要穿越“草原”之外，认真理解作者，切实想到教者和学者，才见真正的功力啊。这是我最直觉的想法。

后来听不少教师教学《自己的花是让别人看的》一文。听着一班又一班的学生照例问到“为什么说做了一个花的梦，一个思乡的梦”，我忽然想到了编写教师教学用书时关于这篇文章的一个讨论。

湖北的刘春林老师写这一课的教材解读，他专门将这个问题提出来小组讨论。他说，“我仿佛又回到了四五十年前，我做了一个花的梦，做了一个思乡的梦”，这句话很费解，经过反复读，并且查阅季羡林先生留德的相关文章，还是不敢肯定理解得是否准确。然后他把他的理解说给大家听。当时这是一篇新课文，别的老师也不熟悉这篇文章，更没有经过他那样的深入思考，听他说得有道理，就肯定了他的理解。教师教学用书自然保留了他这样的理解：

“作者曾在德国留学十多年，在留学期间时常思念家乡、思念亲人、思念祖国。现在时隔四五十年作者又来到德国，见到那家家户户窗户上的鲜花，不由得触景生情，仿佛进入了梦乡，回到了四五十年前的留学生活时代，他陶醉在鲜花艳丽之中，沉浸于思乡情绪之中。”

所以，当学生提出疑问的时候，大多数教师以为这个问题与课文主要内容关系不大，就照着参考书做一番解答，学生也就似懂非懂地不问了。

是个问题。似乎又不是教材的问题。这答案本身听着非常牵强。

我开始搜集有关的文章来读，试图解决心中的疑问。我很快注意到了一些文字。

季羡林先生在《留德十年》“别了，哥廷根”一章中有这样的句子：

“一想到要走，我的离情别绪立刻就逗上心头。我常对人说，哥廷根仿佛是我的第二故乡。我在这里住了十年，时间之长，仅次于济南和北京。这里的每一座建筑、每一条街，甚至一草一木，十年来和我同甘共苦，共同度过了将近四千个日日夜夜。我本来就喜欢它们的，现在一旦要离别，更觉得它们可亲可爱了。

哥廷根是个小城，全城每一个角落似乎都留下了我的足迹，我仿佛踩过每一粒石头子，不知道有多少商店我曾出出进进过。看到街上的每一个人都似曾相识。古城墙上高大的橡树、席勒草坪中芊绵的绿草、俾斯麦塔高耸入云的尖顶、大森林中惊逃的小鹿、初春从雪中探头出来的雪钟、晚秋群山顶上斑斓的红叶，等等，这许许多多纷然杂陈的东西，无不牵动我的情思。

至于那一所古老的大学和我那一些尊敬的老师，更让我觉得难舍难分。最后但不是最小，还有我的女房东，现在也只得分手了。十年相处，多少风晨月夕，多少难以忘怀的往事，“当时只道是寻常”，现在却是可想而不可即，非常非常不寻常了。

然而我必须走了。

我那真正的故乡向我招手了。

我忽然想起了唐代诗人刘皂的《旅次朔方》那一首诗：

客舍并州已十霜，归心日夜忆咸阳。

无端又渡桑乾水，却望并州是故乡。

别了，我的第二故乡哥廷根！

别了，德国！

什么时候我再能见到你们呢？”

命运似乎听到了季羡林先生心底的呼唤和渴望。35 年后，他有机会重访德国，再回哥廷根，充满深情地写下了《重返哥廷根》。在文中他这样表达自己的心情：

“我真是万万没有想到，经过了三十五年的漫长岁月，我又回到这个离开祖国几万里的小城来了。

我坐在从汉堡到哥廷根的火车上，我简直不敢相信这是事实。难道是一个梦吗？我频频问着自己。这当然是非常可笑的，这毕竟就是事实。我脑海里印象历乱，面影纷呈。过去三十多年来没有想到的人，想到了；过去三十多年来没有想到的事，想到了。我那一些尊敬的老师，他们的笑容又呈现在我眼前。我那像母亲一般的女房东，她那慈祥的面容也呈现在我眼前。那个宛宛婴婴的女孩子伊尔穆嘉德，也在我眼前活动起来。那窄窄的街道、街道两旁的铺子、城东小山的密林、密林深处的小咖啡馆、黄叶丛中的小鹿，甚至冬末春初时分从白雪中钻出来的白色小花雪钟，还有很多别的东西，都一齐争先恐后地呈现到我眼前来。霎时，影像纷乱，我心里也像开了锅似地激烈地动荡起来了。

火车一停，我飞也似的跳了下去，踏上了哥廷根的土地。忽然有一首诗涌现出来：

少小离家老大回，乡音未改鬓毛衰。

儿童相见不相识，笑问客从何处来。

怎么会涌现这样一首诗呢？我一时有点茫然、懵然。但又立刻意识到，这一座只有十来万人的异域小城，在我的心灵深处，早已成为我的第二故乡了。我曾在这里度过整整十年，是风华正茂的十年。我的足迹印遍了全城的每一寸土地。我曾在这里快乐过，苦恼过，追求过，幻灭过，动摇过。这一座小城实际上决定了我一生要走的道路。这一切都不可避免地要在我的心灵上打上永不磨灭的烙印。我在下意识中把它看作第二故乡，不是非常自然的吗?”

无论是他的叙述，还是引用的两首关于思乡的诗，都明确地告诉我们，他把哥廷根当作了自己的第二故乡，在时无比热爱，离别后日夜萦怀。而今故地重游，时空轮转，亦真亦幻，恍若一梦。眼前的故乡眼前的花，就是梦中的故乡梦中的花。所以他说：“我仿佛又回到了四五十年前，我做了一个花的梦，做了一个思乡的梦。”他站在当下的真实里，也沉浸在梦境的虚幻中，这种情绪跟他“我坐在从汉堡到哥廷根的火车上，我简直不敢相信这是事实。难道是一个梦吗?”一脉相承。这一梦，正是整篇文章点睛之笔，让我们体会到那方美丽的土地，那种美丽的风情，不仅悦目，而且赏心、入梦，惹尽相思。

我觉得“不伦不类”的尾巴，从来没有像现在这样必不可少，柔情万种。

忽然就理解了《草原》的开头：“这次，我看到了草原。”

王阳明说：“尔未看此花时，此花与尔心同归于寂。尔来看此花时，则此花颜色，一时明白起来。便知此花，不在尔心外。”遥远的内蒙古大草原，只有老舍走近它，它蓝天的明朗，它幅员的辽阔，它空气的清鲜，它颜色的碧绿，近的羊群远的天边，圆的小丘曲的小河，跑的骏马飞的鸟雀，才一一都到眼前来，清晰地印在老舍的心里。那片看似属于天空下所有人的草原，这一刻归了老舍自己。它们是老舍眼里的草原，他亲眼看到的，看得明明白白，它们是老舍心中的草原，他一见钟情的，爱得如醉如痴。

老舍为什么不可以这样说呢——这次，我看到了草原。这是他用心弦弹奏的草原赞歌的序曲啊，那么深情，又那么悠远。

两篇文章中看似是瑕疵的两个句子，竟是打开作者情感世界的两道闸门，恰似瓷器出窑时浑然天成的美丽缺口，你只要用心去欣赏它，就会发现它比想象的更完美更别致。正是因为这样的句子，才让人产生了深深的疑问，然后循着它的气息，看到“草原”之外更为广阔的天地。

如果用心去读

——让学生体会文本中的善和美

一、不光有善

人教版教材一年级下册的《两只鸟蛋》是一首儿童诗，它叙述了一个孩子和两只鸟蛋的故事。

我从树杈上取下两只鸟蛋，
小小的鸟蛋凉凉的，
拿在手上真好玩。

妈妈看见了，说：
两只鸟蛋就是两只小鸟，
鸟妈妈这会儿一定焦急不安！

我小心地捧着鸟蛋，
连忙走到树边，
轻轻地把鸟蛋送还。

我仿佛听见鸟儿的欢唱，
抬起头来，
把目光投向高远的蓝天。

我听一个年轻的老师跟一年级的小孩子一起读这首小诗。她让小孩子想象："假如你是鸟妈妈，你的小宝宝丢了，你是怎样的心情？"她让小孩子继续想象："如果两个鸟蛋变成了两只小鸟，可能对小男孩说什么？"她还让小孩子评价："喜欢课文中的'我'吗？为什么？"我听明白了，她在让小孩子感受一个字："善。"

这首小诗不光有善，还有美。

你看小诗中"我"对鸟蛋不同的态度。"我"开始对鸟蛋是怎么做的？从树杈上"取"下两只鸟蛋，"拿"在手上，觉得真好玩！多么随意，多么游戏！此时的两只鸟蛋，对我来说只是一件好玩意儿，跟一块花石子一片彩树叶没有两样。当听妈妈说"两只鸟蛋就是两只小鸟"后，"小顽皮"瞬间变得严肃，手上的鸟蛋沉甸甸的，霎时有了生命，你看他的小心翼翼：小心地"捧"、"连忙"走、"轻轻"送。这份对生命的恭敬和呵护让人怦然心动！

上课的老师一边让小孩表演送还鸟蛋的过程，一边问："为什么小心地捧？为什么连忙走？为什么轻轻送？"小孩子的回答都有一个字：怕！怕弄坏了鸟蛋，怕急坏了鸟妈妈，怕摔碎了鸟蛋。"怕"是什么？是敬畏！对生命的敬畏！这个字比善还要打动人心。这是美！

小诗有四节，前三节把故事讲述完毕，第四节写"我"的憧憬，最有诗意，也最朦胧。我多想是那个讲课的老师，那样我就可以问一问小朋友：当"我"仿佛听见鸟儿的欢唱，把目光投向高远的蓝天时，你知道"我"心里在想什么吗？那样小孩子就能读懂"我"的憧憬：再过几天，两只鸟蛋就会变成两只会唱歌的小鸟，过不了多长时间，两只小鸟就羽翼丰满地飞向蓝天！哦，这样的想法多美，多令人愉快！

二、 不光有美

我听一个老师教学人教版教材二年级下册《日月潭》一文。

日月潭是我国台湾省最大的一个湖。它在台中附近的高山上。那里群山环绕，树木茂盛，周围有许多名胜古迹。

日月潭很深，湖水碧绿。湖中央有个美丽的小岛，叫光华岛。小岛把湖水分成两半，北边像圆圆的太阳，叫日潭；南边像弯弯的月亮，叫月潭。

清晨，湖面上飘着薄薄的雾。天边的晨星和山上的点点灯光，隐隐约约地倒映在湖水中。

中午，太阳高照，整个日月潭的美景和周围的建筑，都清晰地展现在眼前。要是下起蒙蒙细雨，日月潭好像披上轻纱，周围的景物一片朦胧，就像童话中的仙境。

日月潭风光秀丽，吸引了许许多多的中外游客。

老师说："日月潭很美，我们就美美地读。"果然像她说的那样，一节课的时间大半都用在读出美上。听着听着，我忽然觉得这样的美有些空洞，就像看一幅画，即使美也是平面的，停滞的。姑且不说美有时候读不出来，刻意去强调一个词反而觉得不美，单是雾中隐约的美，晴空亮丽的美，雨中朦胧的美，小孩子都难以体悟。

那么，有没有路径通向日月潭的美？我想作者可以做个引路人。

作者得多喜欢日月潭，才这样尽情描摹它不同时候的美？《日月潭》有美，首先是因为有情！情人眼里出西施，日月潭是他眼里的西子湖，淡妆浓抹总相宜！有了这样的情感认知，再读《日月潭》，美就出现了。

往往是阅读的时候，我们习惯听从读者的感觉。比如老师和学生觉得日月潭美，那么就读出美。忘了作者。作者不光想说美，还想说喜欢，想说爱！

与花草有关

——如何引领学生去欣赏语言

作家叶开质疑现阶段语文教材，认为语文教育被附加太多泛道德化的因素，成了粗糙的说教：“与花草相关的文章不是引导学生欣赏美丽，而是寻找道德寓意。”

他是有一些证据佐证这个观点的，这不是我要引述的。我想先说说跟花草有关的几篇文字。

你看人教版教材六年级下册《桃花心木》一文，作者林清玄正是在桃花心木栽种成活的过程中，看到了在不确定中成长的普适意义：“不只是树，人也是一样，在不确定中生活的人，能比较经得起生活的考验，会锻炼出一颗独立自主的心。在不确定中，就能学会把很少的养分转化为巨大的能量，努力生长。”

你看人教版教材五年级下册《白杨》一文，戈壁滩上的白杨，随着火车一掠而过，那种挺秀和颀长，在一个远赴边疆的人心里，就不会仅仅是白杨，作为行道树的白杨，作为装饰庭院的白杨，作为林子的白杨，跟它有什么不一样呢？不一样就在于看到它的人不一样啊！所以作者要赞美白杨：“白杨树从来就这么直。哪儿需要它，它就在哪儿很快地生根发芽，长出粗壮的枝干。不管遇到风沙还是雨雪，不管遇到干旱还是洪水，它总是那么直，那么坚强，不软弱，也不动摇。”他说的是白杨，表白的却是自己的心。

王阳明说：“尔未看此花时，此花与尔心同归于寂。尔来看此花时，则此花颜色，一时明白起来。便知此花，不在尔心外。”桃花心木、白杨也是如此啊，当人来看此树，此树一时明白起来，它不再是长在那里自然的树木，而是映在心田的“我”的树，“我”的树就带了“我”的感情，带了“我”所领悟到的禅意，心意，寓意。

这，有什么问题呢？试问哪一种树离了人的主观感觉能走到文字中来呢？

即便是花，小学教材中写的花，它们也不是一味地只有美丽啊，如果你读《金色的草地》《荷花》《花钟》和《花的勇气》。

人教版教材三年级上册的《金色的草地》描写了蒲公英花开放和闭合之后草地的可爱和有趣：“原来，蒲公英的花就像我们的手掌，可以张开、合上。花朵张开时，它是金色的，草地也是金色的；花朵合拢时，金色的花瓣被包住，草地就变成绿色的了。”《花钟》则是写各种花开放的时间不同，人们甚至可以透过花开来看时间。同样是开花，花开有多少奥秘啊！你能说语文只要美丽不要情趣吗？花开的知识也同样有趣啊！

人教版教材三年级下册的《荷花》当然着意描写了荷花的美丽：“荷花已经开了不少了。荷叶挨挨挤挤的，像一个个碧绿的大圆盘。白荷花在这些大圆盘之间冒出来。有的才展开两三片花瓣儿。有的花瓣儿全展开了，露出嫩黄色的小莲蓬。有的还是花骨朵儿，看起来饱胀得马上要破裂似的。”看看这一朵，很美，看看那一朵，也很美。作者叶圣陶体验到的美感并没有就此停止，他开始进入了审美的境界，他想象自己就是一朵白荷花，随着微风跳舞，跟蜻蜓和小鱼交流……他写的荷花依然是属于他的荷花，属于他的美，荷花不仅给他带来视觉上的美丽冲击，而且带来心灵的愉悦享受。

人教版教材四年级下册的《花的勇气》就更明了了。作者爱维也纳四月的野花，爱它们藏在草地里的时候——“原来青草下边藏着满满一层小花，白的、黄的、紫的；纯洁、娇小、鲜亮；这么多、这么密、这么辽阔！它们比青草只矮几厘米，躲在草下边，好像只要一使劲儿，就会齐刷刷地冒出来……”也爱它们冒出来的时候——“我看到的竟是一片花的原野。这正是前几天那片千万朵小花藏身的草地，此刻那些花儿一下子全冒了出来，顿时改天换地，整个世界铺满了全新的色彩。”但这不是他最想说的话，他想告诉你的是，这些小花拔地而起的天气：冷风冷雨中，而不是温暖的阳光下。他想说的是，“在冷雨中，每一朵小花都傲然挺立，明亮夺目，神气十足……我的心头怦然一震，这一震，使我明白了生命的意味是什么，是——勇气！”

如果荷花没有给作者美妙的心灵享受，小花没有给作者强烈的心灵震撼，我不知道，它们还有没有机会，走到我们每个人的眼前？

这些是我想要说的。语文看起来跟花草无关，但心灵总是跟花草有关，如果读心灵的文字，你必须走到花草中间。语文是引导学生跟着花草去学习语言，既不是专一欣赏美丽，也不是单纯寻找道德，那是文字本身携带的基因，没有办法分离出去。你有办法把它们分离开吗？因为有了美丽才有了文字，因为有了道德寓意甚至禅意才有了文字，如果不是这样，文字靠什么力量存活下去呢？

一样开花为底迟

——增强《花钟》一文的教学力量

一、这样写花为哪般

人教版教材三年级上册的《花钟》应该归为科普小品文之类，但是你不能否认它是优美的散文，它的语言既灵动，又准确，是学语文的好例子，尤其是第一段。

“鲜花朵朵，争奇斗艳，芬芳迷人。要是我们留心观察，就会发现，一天之内，不同的花开放的时间是不同的。凌晨四点，牵牛花吹起了紫色的小喇叭；五点左右，艳丽的蔷薇绽开了笑脸；七点，睡莲从梦中醒来；中午十二点左右，午时花开放了；下午三点，万寿菊欣然怒放；傍晚六点，烟草花在暮色中苏醒；月光花在七点左右舒展开自己的花瓣；夜来香在晚上八点开花；昙花却在九点左右含笑一现……”

很多老师喜欢这一段，原因是它让我们看到了“花开了”还可以怎样说。所以在这一段的教学中，不乏极具智慧的创意设计。今天听到的课，也能看到老师对这一部分的关注。但是听后还是产生了好多疑问，为明晰起见，分成几个片段来记录。

片段 1：

师：请读下面的句子，对比课文中的句子，说说你更喜欢哪种写法？

凌晨四点，牵牛花开了；五点左右，艳丽的蔷薇开了；七点，睡莲开了；中午十二点左右，午时花开了；下午三点，万寿菊开了；傍晚六点，烟草花开了；月光花在七点左右开放；夜来香在晚上八点开花；昙花却在九点左右开花……

生：这样写重复了，更喜欢课文中的写法。

师：写花开了，不能总说花开，怎样能写得好呢？这一点我们可要好好地向作者学习。谁来读读写牵牛花的句子？说说好在哪里。

片段2：

师：如果把写牵牛花和写蔷薇花的句子换一下，像这样——艳丽的牵牛花绽开了笑脸，蔷薇花吹起了紫色的小喇叭，是不是可以？

生：不行，吹喇叭是牵牛花的特点。

师：对，写每一种花，要抓住每一种花的特点。

片段3：

师：课文中有两种花写得特别简单，你能学着课文写其他花的样子写一写它们吗？

（这里指：中午十二点左右，午时花开花了；夜来香在晚上八点开花。）

生：夜来香在晚上八点散发出淡淡的清香。

生：夜来香在晚上八点绽开了笑脸。

生：中午十二点左右，午时花伸出了美丽的叶子。（学生意为“花瓣”）

这样写花为哪般？为什么有时语言极尽华丽，旖旎，有时语言又极尽简单，素朴？

相对于夜来香和午时花，其他七种花作者尽情描摹，不仅一律采用拟人的手法，而且角度变幻多端：写牵牛花，抓住它的颜色和形状来写——吹起了紫色的小喇叭；写蔷薇花，抓住它的色度和表情写——艳丽的蔷薇绽开了笑脸；写睡莲，从它的名字上做文章——从睡梦中醒来；写万寿菊，抓住它的繁茂和欢喜来写——万寿菊欣然怒放；写烟草花，从情态开始想象，言其开放得悄然无声——烟草花在暮色中苏醒；写月光花，则抓住它的姿态写——舒展开自己的花瓣；写昙花，从它开放时间短促中得到灵感——含笑一现。

一样写花，几样写法，取其形象灵动也。华丽之美和简洁之美交相呼应，长句和短句彼此映照，朗读起来才会有音乐般的错落感。如果都华丽，就显得繁复冗长，如果都简洁，则又会枯燥单调。

一样写花，几样写法，取其跌宕变化也。写每一种花的句子并不是绝对不可以调换的，我们可以说所有的花“欣然怒放”，可以说所有的花“舒展开自己的花瓣”，可以说所有的花“绽开了笑脸”，难道不是吗？甚至可以说所有的花“苏醒”，为什么不可以呢？

所以，我们的换句比较有什么意义呢？所以，我们的学习模仿有什么目的呢？千万不要给学生错觉，认为花开了说“花开了”，太简单，认为花开了非得委婉，才优美。没有的事！

二、一样开花为底迟

听课的时候，我很喜欢老师能让学生说出自己的感受。

师：看到这么多的花都开了，你想到了哪些词语？

生：鲜花朵朵、争奇斗艳、芬芳迷人、万紫千红……

师：这些花在不同的时间开放，你有什么疑问？

生：为什么这些花开放的时间不同呢？

为什么这些花开放的时间不同呢？正是第二段要写的内容。所以顺理成章过渡到第二段的学习。我不想评价这样做法的优劣，倒是看到了其中的一个很好的契机。语文教学要开阔学生的视野，要激发学生读书的兴趣，一个简简单单的“浅问题”是起不到什么作用的，充其量只是临时搭建的稻草桥梁而已，勉强从上一段伸到下一段。

我忽然想到了与学生相同的一些问题。不仅花在一天里开放的时间不一样，而且不同的花开放的季节也不一样啊，为什么花开放的时间不一样？为什么花不能同时开放？这个问题有多少人在追问呢？黄巢曾为菊花鸣不平——“他年我若为青帝，报与桃花一处开!”林黛玉曾东篱问菊“一样开花为底迟?”武则天曾幻想令百花齐放……

如果老师能联想到这些，寥寥数语能让语文学习增加多少情和趣呢？恐怕不亲自试一试是想不到的。

课文的内容是一个平面，老师的思维是一条直线，能画出怎样美丽的课堂呢？我为之甚为担忧。我们需要超级链接，调动所有的能量，来增强解读文本的力量，丰满文本的素材，这样课堂教学才可能看到曙光啊!

晏子的语言艺术在哪儿

我听一个老师的课，她讲人教版教材五年级下册《晏子使楚》一文。楚王想要侮辱晏子，一而再再而三地。这位老师让学生读晏子应答的语言，用一句话概括每一次说的主要意思。这虽然不是她的创意，但是我觉得还是应该击掌叫好。因为学生概括出来的话竟然硬气得很，是你读晏子一大段话时没有的感觉。

第一次应对：楚国是狗国。

第二次应对：楚国是下等国。

第三次应对：楚国是贼国。

这不是骂人吗？好个晏子，骂得毫无顾忌，痛快淋漓！

可是接下来老师就让学生读晏子的话，体会他的话妙在哪儿，分析出了他用了夸张等手法，继而就转到对张袂成阴、比肩继踵、挥汗如雨几个成语的学习。到后来，依然如法，让学生说说晏子回国拒绝封赏时会说什么时，又转到对晏子爱国的分析上去了：利于国者爱之，害于国者恶之。

这个单元的主题是语文特点很鲜明的语言的艺术。这样一分析，一冲击，主题不觉间疏离了。

晏子的语言艺术在哪儿呢？

我听课的时候，之所以还是忍不住为他们对语言的概括叫好，是因为我有一个很大的发现。

骂楚国是狗国，是下等国，是贼国，好硬气的话，也好难听的话。楚国听不懂？听懂了却无言以对，“只好吩咐大开城门，迎接晏子”，“只好陪着笑”，“只好赔不是”。这是多么戏剧性的结果！这是多么巨大的胜利！

楚王让晏子走小门，嘲笑他个子矮小。他说：“这是个狗洞，不是城门。只有访问‘狗国’，才从狗洞进去。我在这儿等一会儿。你们先去问个明白，楚国到底是个什么样的国家？”

楚王说难道齐国没有人了吗？为什么打发你来呢？晏子先说人多了去了，后来就假装难为情，不好意思地笑，说派自己到楚国的原因：“敝国有个规矩：访问上等的国家，就派上等人去；访问下等的国家，就派下等人去。我最不中用，所以派到这儿来了。”

楚王说齐国人怎么做贼呢？晏子举例子说，淮南柑橘到淮北变成枳，说明水土使然的道理。

把难听话说得婉转，把硬话说得柔软，声色俱厉却不动声色，义正词严却嬉皮笑脸，这就是晏子的语言艺术了。

晏子语言艺术的反证，几乎所有人都忘却了，那就是赫赫大国之君——楚王。

大国之君对大国之臣，本就不是平等的对峙。再看看他们的语言，是怎样一个强烈的反讽。

楚王的语言跟他作为一国之君的身份，是那么不相称。

一见晏子的面，没有礼貌的寒暄和问候，劈头就问：“难道齐国没有人了吗？……为什么打发你来呢？”

吃饭的时候设计抓了一个齐国假盗贼从堂下走过，他笑嘻嘻地对晏子说：“齐国人怎么这样没出息，干这种事情？”

语言粗俗不堪，直截了当，丝毫不掩饰自己侮辱晏子侮辱齐国的目的，那副嘴脸肤浅得如市井无赖。

楚王和晏子，不比不知道，一比太明了。

上课的老师说："读完了这一课，我想让学生读一读关于晏子的另一篇文章《鸟》。"

齐景公特别喜欢鸟。有一次他得到了一只漂亮的鸟，就派一个叫烛邹的人专门负责养这只鸟。可是几天后，那只鸟飞了。齐景公气坏了，要亲手杀死烛邹。晏子站在一旁请求说："是不是先让我宣布烛邹的罪状，然后您再杀了他，让他死得明白？"齐景公答应了。

晏子板着脸，严厉地对被捆绑起来的烛邹说："你犯了死罪，罪状有三条：大王叫你养鸟，你不留心让鸟飞了，这是第一条。使国君为一只鸟就要杀人，这是第二条。这件事如果让其他诸侯知道了，都会认为我们的国君只看重鸟而轻视人的性命，从而看不起我们，这是第三条。所以现在要杀死你。"说完，晏子回身对齐景公说："请您动手吧。"

听了晏子的一番话，齐景公明白了晏子的意思。他干咳了一声，说："算了，把他放了吧。"接着，走到晏子面前，拱手说："若不是您的开导，我险些犯了大错误呀！"

这个想法当然好了。但是怎么读呢？

一读，体会晏子的话，思考晏子主要想说的是什么？实际上是怎么说的？最后达到了怎样的效果？是怎样达到这个效果的？（点数烛邹的罪状，促使齐王反思：人与鸟孰轻孰重呢？）

二读，体会同样是说话，面对含有敌意的楚王，和面对自己的国君齐王，他的情感有什么不同？（一个是针锋相对，分毫不让；一个是苦口婆心，善意劝谏）

语言的艺术，从来都不是语言自己的事情。

我以为这样对比读，比较好。

“关键词”对阅读深度的影响

一、“你敢碰我吗，陶罐子？”

一个老师讲人教版教材三年级上册《陶罐和铁罐》一文。文中有一句话，是铁罐对陶罐说的——“你敢碰我吗？陶罐子！”

学生读的时候，强调一个“敢”字——你敢碰我吗，陶罐子！

老师读的时候，强调一个“碰”字——你敢碰我吗，陶罐子！

一句在语言环境中的话，焉能有两个不同的关键词？铁罐到底考验的是陶罐的胆量勇气，还是考验陶罐的行动能力？该怎样定义这句话中的关键词呢？

在这种情况下，联系上下文是一个好办法。我们可以接着往下读：

“你敢碰我吗？陶罐子！”铁罐傲慢地问。

“不敢，铁罐兄弟。”陶罐谦虚地回答。

“我就知道你不敢，懦弱的东西！”铁罐说，带着更加轻蔑的神气。

“我确实不敢碰你，但并不是懦弱。”陶罐争辩说，“我们生来就是盛东西的，并不是来互相碰撞的。说到盛东西，我不见得比你差。再说……”

不需要语感多么强，你自然就会发现，铁罐和陶罐始终围绕着“敢”和“不敢”在对话，陶罐的“不敢”正是铁罐要借以奚落对方的地方，铁罐敢，它不怕碰，它坚硬着呢！

那么，显而易见，学生朗读把重音落脚在“敢”字上，是符合作者的意思的。

二、“顽强的小草，连猛火烈焰都不怕。”

老师有很多时候是不屑于锱铢必较的。他以为那是小问题。

真的是小问题吗？未必。

我听一个老师讲教科版教材四年级上册《小草》一文，她很用力地读一句话：“顽强的小草连猛火烈焰都不怕。”读了好几次，每一次都十分强调“都”字，仿佛是特别的南方口音。后来我发现她其实是没有读懂课文的。

从内容上看，“顽强的小草连猛火烈焰都不怕”这句话，是呼应上文的，不仅是内容上的呼应，还是词语上的呼应。上文有这样的句子：

“它不奢求奇花异卉所得到的爱护，也不羡慕温室里‘名门望族’所受到的礼遇。它只是默默地俯伏在旷野上，忍受着暴雨狂风、烈日寒霜的严峻考验。”

“猛火烈焰”，从词语的形式上看，作者有意让它与“暴雨狂风”“烈日寒霜”相对应，并且从程度上来说，也是依次递进的，从极端天气，到极端气温，再到极端灾难。

从情感上看，“顽强的小草连猛火烈焰都不怕”这句话，也无时不在承接着作者的情感，是作者情感跌宕的一个高潮。享受到小草的绿给人带来的心绪宁静，想到小草的不受重视，默默承受，已然对它生起敬意和好感，当看到小草被山火烧成焦土，作者怅然若失——“而我心里也好像失去了什么似的。那片焦黑的泥土更好像告诉我死亡的恐怖。我没奈何，只好垂下去那长久以来都是往上卷起的窗帘。”可是结果呢，多么出人意料：

“昨天，我忽然发现一丝丝的绿意悄悄地从窗帘的缝隙透进来，我连忙拉起帘子。啊，是久违了的小草！蓬勃的生机战胜了可怕的死亡。小草啊，这才显示了你的不平凡！

顽强的小草，连猛火烈焰都不怕。……”

你看，“顽强的小草，连猛火烈焰都不怕”这话，就在这里出现了，它的潜台词有多么明显：你不仅不怕暴雨狂风、烈日寒霜，连猛火烈焰都不怕！

三、什么是关键词

至此，我们可以集中精力来说说“关键词”。

什么是关键词？你单独看，前面说到的“敢”“猛火烈焰”，只不过是普通的一个词，但在这两篇文章里，它们可以称得上是真正的关键词，为什么？因为它们足以影响文章的阅读深度。一个词，当它处于可动全身的“一发”位置时，它的重要性和关键性就凸显出来了。也正是因为如此，我们才在教学中，让学生来寻找关键词，以培养、训练他们的语感，培养他们的阅读能力。

当然，从另外的角度，比如我的角度，透过一个关键词，能看出一个教师的阅读素养，甚至不需要另外的考查。

让我们肝肠寸断地读

教材解读简直成了语文课的桎梏，让你在深深忧虑的同时，生出无比的滑稽之感。教师在解读文本过程中，不仅存在解读过浅的现象，还有一种现象更要引起我们的注意，那就是过度解读。

过度解读表现出两种趋势，一是把教材之外的许多内容纳入教材之内，一厢情愿地让它们来帮助解读文本，导致教材的位置越来越小；二是对教材内容过度发挥，任意改动，使教材面目大变。

比如教学人教版教材六年级上册《伯牙绝弦》一文时，老师抓住“子期死，伯牙谓世再无知音，乃破琴绝弦，终身不复鼓”一句，让学生体会伯牙面对子期的离世是怎样的心情。学生说他肝肠寸断，说他悲痛欲绝，说他痛不欲生。老师说：“让我们‘肝肠寸断’地读读这一句!”学生就肝肠寸断地读（天啊，谁知道肝肠寸断还能不能读）。这一句本是作者作为第三者的描述，他可能有些感慨，甚至叹息，但绝不是肝肠寸断。我们读的是作者的话，不是伯牙的话，任伯牙如何肝肠寸断，在这里也无从抒发。

再比如人教版教材二年级上册《浅水洼里的小鱼》一文，是作者从一个成年人的视角写的，第一段是这样的：

清晨，我来到海边散步。走着走着，我发现在沙滩的浅水洼里，有许多小鱼。它们被困在水洼里，回不了大海了。被困的小鱼，也许有几百条，甚至有几千条。用不了多久，浅水洼里的水就会被沙粒吸干，被太阳蒸干。这些小鱼都会干死。

他也只是陈述事实，教师引导学生透过这一段中的“干死”体会小鱼的处境，问学生想怎么读？学生说要悲痛欲绝地读，因为小鱼太可怜了。作者在此时怎是悲痛欲绝？他不是“继续往前走”，看到小男孩捡鱼扔鱼还说“谁在乎呢”吗？

教师在解读文本时，类似这样的角色偷换现象比比皆是，读者和作者不分，读者和主角不分，作者和主角不分，随着需要任意更换，这极其不利于学生语感的培养。

你想对普罗米修斯说什么

大家在说一个真实的笑话。关于人教版教材四年级下册《普罗米修斯》，这个古希腊的神话故事。

老师说：“你想对普罗米修斯说什么？”

学生说：“普罗米修斯，谢谢你，要是没有你，我们现在还吃生冷的东西，度过漆黑的漫漫长夜，挨过寒冷的冰天雪地……”

老师说：“普罗米修斯会怎么说？”

学生说：“不用谢，这是我应该做的。”

之所以说这个情节属于笑话，是它极具笑话的特质。一个人笑着说：“我就奇怪了，火是怎么来的？真的是普罗米修斯盗来的吗？这样是误导啊。”

这只是个神话故事。神话故事怎能当作普通故事来教？把神话当成神话教，让学生把神话当成神话读，才是应有的态度。用现实的道德解读神话常常让人感到无能为力，因为里面有一个巨大的鸿沟需要跨越：从现实到文学。

我常常困惑于人们在穿越现实和文学时的集体无意识，他们那么随意地出入两个空间，为了自己显而易见的目的。

人教版教材二年级上册的《浅水洼里的小鱼》是一篇写生活小事的故事，丝毫没有童话的特质，那些小鱼在作者眼里，就是无知无识的小鱼而已，在那个孩子眼里，略略不同，他能感觉到小鱼的危险而义无反顾地实施救助。就是这样。

但是老师们不约而同地问一个问题："回到大海里的小鱼会说什么呢?"

对于小鱼要说话，小孩子没有太大的惊奇，但是它们说的话，无一例外只是感谢。而这，有什么意义呢?明明有一个站在旁边内心受到巨大震撼的大人，他问小男孩为什么要救鱼，谁在乎呢?小男孩说："这条小鱼在乎，……这一条、这一条……"他什么也没说就结束了故事的讲述，为什么不问问他还有没有话说?有的教材把这个故事的名字叫做《这条小鱼在乎》，明显聚焦到小男孩的身上。对于作者和读者，小男孩都是跨越不过的话题，一定有什么会打动你的心，但那不是小鱼的谢谢，也不是小男孩的善良，而是一种稀缺的能力：感同身受的能力，以及阔大无边的慈悲!这些话，小鱼嘴里说不出来，也轮不到小鱼来说。更主要的是，这是生活，不是童话。

不是非要说什么。感受像一粒种子，蕴藏着巨大无比的生命力。不妨让它等一个合适的时机，这样比仓促地让它发芽要明智得多。

神话是人对解释不了的事物的大胆想象，神话里面有人一直向往的强大和力量，所以夸父可以追日，女娲可以造人，嫦娥能够奔月。童话是另外一种语言方式，面向一个特殊的人群：赋于幻想的孩子。除了有神话的无所不能，还有成人诡计多端的婉转，他们把要对孩子说的话，让故事替他们说。神话和童话，以及民间故事，它们的神奇成就了故事的魔力，牢牢地吸引着读者的眼睛。如果把它们视为普通故事，再如果按照现实的样子去剪裁这里面的道德意义，错过的，将是它们身上所有的美。

要怎样读懂季羡林

都说季羡林老先生写的东西朴实无华，可你不一定能读懂。

人教版教材六年级上册有一篇季羡林的文章，《怀念母亲》，不长，原文如下：

我一生有两个母亲，一个是生我的母亲，一个是我的祖国母亲。我对这两个母亲怀着同样崇高的敬意和同样真挚的爱慕。

我六岁离开我的生母，到城里去住。中间曾回故乡两次，都是奔丧，只在母亲身边待了几天，仍然回到城里。在我读大学二年级的时候，母亲弃养，只活了四十多岁。我痛哭了几天，食不下咽，寝不安席。我真想随母亲于地下。我的愿望没能实现。从此我就成了没有母亲的孤儿。一个缺少母爱的孩子，是灵魂不全的人。我怀着不全的灵魂，抱终天之恨。一想到母亲，就泪流不止，数十年如一日。

后来我到德国留学，住在一座叫哥廷根的孤寂的小城，不知道为什么，母亲频来入梦。我的祖国母亲，我是第一次离开她。不知道为什么，我这个母亲也频来入梦。

为了说明当时的感情，我从初到哥廷根的日记中摘抄几段：

1935 年 11 月 16 日

不久外面就黑起来了。我觉得这黄昏的时候最有意思。我不开灯，又沉默地站在窗前，看暗夜渐渐织上天空，织上对面的屋顶。一切都沉在朦胧的薄暗中。我的心往往在沉静到不能再沉静的时候，活动起来。我想到故乡，故乡的老朋友，心里有点酸酸的，有点凄凉。然而这凄凉并不同普通的凄凉一样，是甜蜜的，浓浓的，有说不出的味道，浓浓地糊在心头。

11月18日

好几天以前，房东太太就对我说，她的儿子今天回家，从学校回来，她高兴得不得了……但她的儿子一直没有回来，她有点沮丧。她又说，晚上还有一趟车，说不定他会回来的。看到她的神情，我想起自己长眠于故乡地下的母亲，真想哭！我现在才知道，古今中外的母亲都是一样的！

11月20日

我现在还真是想家，想故国，想故国的朋友。我有时想得简直不能忍耐。

11月28日

我仰躺在沙发上，听风路过窗外。风里夹着雨。天色阴得如黑夜。心里思潮起伏，又想到故国了。

我从初到哥廷根的日记里，引用了这几段。实际上，类似的地方还有很多，从这几段中也可见一斑了。一想到生身母亲和祖国母亲，我就心潮腾涌，留在国外的念头连影儿都没有。几个月以后，我写了篇散文，题目叫《寻梦》。开头一段是：

夜里梦到母亲，我哭着醒来。醒来再想捉住这梦的时候，梦却早不知道飞到什么地方去了。

下面描绘在梦里见到母亲的情景。最后一段是：

天哪！连一个清清楚楚的梦都不给我吗？我怅望灰天，在泪光里，幻出母亲的面影。

我在国内的时候，只怀念，也只有可能怀念一个母亲。到国外以后，在我的怀念中增添了祖国母亲。这种怀念，在初到哥廷根的时候异常强烈。以后也没有断过。对这两位母亲的怀念，一直伴随我度过了在欧洲的十一年。

我读了好多次，以为一目了然，以为枯燥无味，就像所有教这篇文章的老师一样，觉得他说的就是大白话，就是在实实在在地讲述，都读懂了，懂了他对两个母亲的怀念。于是几乎默认了教学中让学生找找“从哪里看出作者对母亲的怀念”这样的做法，学生尽管圈画勾点，却始终走不进字里行间。

我的目光久久地停留在这篇文章中。渐渐地，读出问题来了。

季羡林先生为什么要引用日记呢？我知道，在学生阅读的所有课文中，这篇文章这样的表达方式是仅有的一次。老师引导学生在日记外面品读，因为日记短小，也因为明白如话，就没有特别留意。日记中隐藏着什么呢？

我一则一则地读，读着读着，兴奋起来了！日记，日记，你如小学生写的般直白，却让人蓦然心潮起伏，读懂日记谈何容易！

读第一则日记，我头脑里幻化出这样一幅画面：作者在昏暗的房间里，不开灯，面对着窗子静静地站着，直到人影由清晰变成朦胧，夜幕降临。一个“又”字可见这已经成了他的习惯，这是一个人在异国他乡的孤独，无人诉说，独自饮尽寂寞，这种凄凉非身临其境不能感受。然而故国，与朋友度过的往日时光，一幕幕在心头重放，独自享用，那快乐经过时间的过滤，如同陈酿，味道更加浓郁。这是甜蜜的忧伤。

读第二则日记，我心头一震。“看到她的神情，我想起自己长眠于故乡地下的母亲，真想哭！我现在才知道，古今中外的母亲都是一样的！”为什么“真想哭”？是因为想起了长眠于故乡地下的母亲，这答案又不令人满意。房东太太盼望儿子回来的神情，让作者想到，母亲也一定这样盼望过自己，可怜的母亲盼来盼去，只是一个空，希望和失望年复一年的交叠往复，曾经怎样吞噬着一个母亲的心？而自己，直到母亲长眠地下的今天，才懂母亲的心，怎不抱终天之恨！作为儿子的自己，再也没有一个这样的老母亲盼着回去，咫尺也天涯，更别说远离国门，漂泊异域，离家千里万里，想想心里都痛！“子欲养而亲不待”，母亲深情爱意永无报答之时，自己绵绵思念永无休止之日，怎不痛不欲生！

所以才有了他的《赋得永久的悔》。这篇文章是“真想哭”最恰切的注脚。没有这篇文章的背景，这“真想哭”的情绪就轻飘飘地无法着陆。

读第三则日记，谁都知道直抒胸臆，没有千言万语，占据头脑的就是一个字：想！想！想！想到难以忍耐。什么样的想是难以忍耐的？“此恨绵绵无绝期！”因为战争滞留异国，归日遥遥，一眼看不到尽头，而自己，“留在国外的念头连影儿都没有”，如此一来，才着实难以忍耐。如果有明确的日期，不管那日期多么遥远，总是会给人以盼头，以希望！如果不了解季羡林留德时的这一背景，怎会理解这简单的“想”。

第四则日记，你能明确地看出，作者作为中国人的文化心理。听秋风秋雨，“又想到故国了”。在诗人的笔下，秋天是最令人思乡的季节。见秋风而起乡思，古来有之。如姜夔的“平生最识江湖味，听得秋声忆故乡”。晋代张翰“因见秋风起，乃思吴中菰菜、莼羹、鲈鱼脍，曰：‘人生贵得适志，何能羁宦数千里以要名爵乎？’遂命驾而归”（《晋书·张翰传》）。张籍的《秋思》又属一例：“洛阳城里见秋风，欲作家书意万重。复恐匆匆说不尽，行人临发又开封。”

正如春风春雨可以染绿大地，带来无边春色一样，秋风秋雨所包含的寂寥肃杀之气，也可使秋叶纷纷，落红遍地，给自然界和人间带来一片秋容秋态。那么，季羡林听秋风秋雨，感受到的恐怕也是这秋风秋雨带来的凄凉摇落之景，怎能不勾起羁泊异乡的孤独寂落情怀，引起对故国、家乡、朋友的悠长思念呢？

日记之外，作者多次写梦，母亲“频来入梦”。再看四则日记的日期，你不能发现什么吗？只是一个11月，相隔十几天就有这么多次思乡之处，也凸显了一个“频”，只不过不是梦境，而是现实中的思念之切。可见母亲日夜萦怀，正如文章中写的：数十年如一日，一直伴随……十一年！

我和许多老师一起一则一则地读，读出这些太不容易。小孩子能读出来吗？读书有间，这“间”如果进不去，何来与作者对话，怎谈品词析句？

作者为什么非要引用日记呢？直接写怀念母亲不行吗？

他自己的回答是：为了说明当时的感情，我从初到哥廷根的日记中摘抄几段。

那么引用日记就更加真实可信。时过境迁，有很多感觉会被时间的流冲淡，感情更是如此，多么刻骨铭心，时间也有本事让它风轻云淡。所以引用当时的日记，恐怕也是一个必然的做法。翻开这段用文字刻录的时光，才可能回到从前。作者当然没有想可以怎样表达，他想的是怎样才能把那时的感受如实呈现，那么，日记成了首选。

这对我们还原形式和内容的关系，有很好的启示。不是形式选择内容，而是内容决定了形式。

教材解读的视野与视角

“视野”和“视角”是两个不同的概念。视野，比喻思想或见识的领域；视角，观察、审视问题的角度。对教材解读而言，视野指向的是思维的广度，视角指向的是思维的角度。那么，作为小学语文教师，解读教材应有怎样的视野，又应选择怎样的视角呢?

一、 成人的视野， 儿童的视角

一棵树和一只鸟儿是好朋友。鸟儿站在树枝上，天天给树唱歌。树呢，天天听着鸟儿唱。

日子一天天过去，寒冷的冬天就要来到了。鸟儿必须离开树，飞到很远很远的地方去。

树对鸟儿说：

“再见了，小鸟！明年春天请你回来，还唱歌给我听。”

鸟儿说：“好的，我明年春天一定回来，给你唱歌，请等着我吧！”鸟儿说完，向南方飞去了。

春天又来了。原野上、森林里的雪都融化了。鸟儿又回到这里，找她的好朋友树来了。

可是，树不见了，只剩下树根留在那里。

“立在这儿的那棵树，到什么地方去了呀?”鸟儿问树根。

树根回答："伐木人用斧子把他砍倒，拉到山谷里去了。"

鸟儿向山谷里飞去。

山谷里有个很大的工厂，锯木头的声音"沙——沙——"地响着。鸟儿落在工厂的大门上。她问大门："门先生，我的好朋友树在哪儿，您知道吗?"

大门回答说："树嘛，在厂子里给切成细条条儿，做成火柴，运到那边的村子里卖掉了。"

鸟儿向村子飞去。

在一盏煤油灯旁，坐着个小女孩。鸟儿问女孩："小姑娘，请告诉我，你知道火柴在哪儿吗?"

小女孩回答说："火柴已经用光了。可是，火柴点燃的火，还在这盏灯里亮着。"

鸟儿睁大眼睛，盯着灯火看了一会儿。

接着，她就唱起去年唱过的歌给灯火听。

唱完了歌，鸟儿又对着灯火看了一会儿，就飞走了。

上面这个故事，名字叫《去年的树》，是日本作家新美南吉的童话，选到了人教版教材四年级上册的语文课本里。它的魅力不单是故事的哀婉美丽，还有人们从故事中读出的各种滋味。

有人从故事中看到了友情，一棵树和一只鸟儿的友情。好朋友树的心愿，鸟儿铭刻在心，尽管树已经不在了，可是鸟儿依然为那火柴点燃的灯火歌唱，患难见真情，这是友情的绝唱!

有人从故事中看到了诚信，坚守诺言兑现诺言。鸟儿答应了树，明年春天还给树唱歌，鸟儿不管如何，也要寻找到树，把歌唱给树听，这是诚信的力量!

有人从故事中看到了爱情，不离不弃，生死不绝。你看那鸟儿，是一个娇小的"她"，你看那树，是一个高大的"他"。树和鸟儿，一个男人和一个女人的爱情。男人不在了，女人对男人的情依旧，这是爱情的忧伤!

有人从故事中看出了问题。如果树没有被砍伐，鸟儿和树的故事怎能如此凄惨？鸟儿没有了树，才会如此哀痛。这是环境意识的迷惘！

……

我们权且管这叫做解读的“视野”。这当然是无可厚非的。视野广阔了，会给我们更多选择和思考的空间，我们要思考的是：教学时，选择怎样的视角？

“应该想到童话的读者是谁。既然读者是小孩而不是文学青年，那么今日的童话就应努力回归到故事性上来。”故事的作者——日本著名儿童文学作家新美南吉的话，给我们一个思考的角度——童话的读者是小孩。那么作者通过《去年的树》，想向小孩说什么呢？我们试着从童话里找到答案。

应该格外留意故事开头开宗明义的一句话：“一棵树和一只鸟儿是好朋友。”如果这还不足以说明问题，我们再看看文中的两句话：

春天又来了。原野上、森林里的雪都融化了。鸟儿又回到这里，找她的好朋友树来了。

鸟儿落在工厂的大门上。她问大门：“门先生，我的好朋友树在哪儿，您知道吗？”

显而易见，友情，是作者要热情讴歌的主题，树和鸟儿友情的可贵之处就在于，虽然大树不存在了，可是他们的友情还在，鸟儿坚持寻找到好朋友树，最后为他唱起去年的歌。尽管昔日的欢歌，此时已是鸟儿献给大树朋友的一曲挽歌，但它哀而不伤，悲而不凉，带给人的是暖暖的深情和无言的感动。如果说这里有诚信的成分，那这里的诚信也不同于广泛意义上的诚信，这是对友情的真诚，是患难中的真情流露，我们可以看到，驱使小鸟儿一路寻找树的，是感性的情谊，而不是理性的诚信；而作者，他知道他面对的是孩子，不会把爱情变得如此隐晦，讲给孩子听，也不会通过小鸟儿和大树的生死相隔，来控诉人们对大树的砍伐，如果是这样，应该有更明朗的故事。

所以，我赞同下面这样的教学，因为它是直指友情的温馨和美好的。

师：讲到这里，老师就有一个疑问：你们和好朋友能做这么多事情，那小鸟儿和大树呢？他们平常除了唱歌之外，到底还会做什么？你们和隔壁的同学说一说：你觉得他们平常还会做什么？

生：在树上做鸟巢。

生：说一些什么高兴的话，跟人一样，可能会对话。

生：聊天，谈一些事情，心事。

生：鸟儿给树唱歌，树给鸟儿诉苦。

生：我觉得鸟儿会在树上搭一个窝，会产卵。等鸟儿孵出小鸟的时候，树就会很高兴，因为又多了几只小鸟来给他唱歌。

师：你们的想法实在是太好了。所以老师要请你们拿出笔来，把你们刚才跟同学们交流的那些美好的想法，把你们所想到的那些事情自由地加到第一行文字里面去，加到描述好朋友的关系的文字里去。

师：老师发现有些同学已经写完了，有些还没有写完，没关系，让我们先来听听别的同学是怎么想的。

生：我觉得可以让鸟儿用一些树上的树枝，做一个鸟巢，然后可以边乘凉边唱歌，这样树也能享受鸟儿对他唱歌的乐趣。

师：这么多，这么丰富啊！等会儿请你念的时候，把你加在故事里的那些话拿出来念，让同学们知道你加在哪里了，好吗？

生：树给鸟儿提供住所，而鸟儿也会给树唱歌，还会装扮树，让树变得更漂亮。

师：哇！为他装扮。老师想听听还有没有不一样的？

生：如果树上有虫子，鸟儿就给树治病。一些动物喜欢吃鸟儿，鸟儿就藏到树上，树就可以替鸟儿掩护。

师：体现了自然科学的概念。谁还有不同的说法呢？很多同学有哦。大家非常踊跃啊！

生：我加在“一棵树……是好朋友”中间。鸟儿站在树枝上，天天给树唱歌，让树有好的心情，树天天听着鸟儿唱歌也给鸟儿遮风挡雨。

师：哇！他连加在哪里都顺便告诉我们了。

生：我也加在刚才那个地方。一棵树和一只鸟儿是好朋友。鸟儿站在树枝上，天天给树唱歌。当鸟儿受到别人欺负或者有什么不高兴的事跟树说时，树可以帮她开解，可以跟她一起分享快乐和悲伤。

师：缓解悲伤。通过刚才你们说的，还有你们原来想的，老师发现一件事情：原来故事刚开始在描写树跟鸟儿是好朋友的时候，只是简短的一句话。可是通过这么多同学的补充以后，会发现故事的细节增加了，内容也丰富了，甚至在我们脑海中勾勒出的两个好朋友相处的画面也更清晰、更具体了。

（注：教学案例选自台湾省台北市吴兴国小黄敏执教的《去年的树》。）

我也赞同这样的对比阅读，因为同一个主题的拓展，不仅能让学生对童话有更多的了解，会扩大学生的阅读量，会激发学生的阅读兴趣，还会加深学生对故事人文内涵的感悟，对友情的感悟。

师：真希望飞走的鸟儿的生活会像以前一样快乐。……我们来看另一篇童话。

（学生读新美南吉的童话故事《白蝴蝶》片段：一个老爷爷在街角卖气球。这束气球，有红的、有蓝的、有黄的、有紫的，还有别的颜色的。它们脸儿贴着脸儿，随着风在空中飘动。

一只白色的蝴蝶，每天都飞到这束气球这儿来，跟它们在一起玩儿。

这束气球里有个很小的红气球，白蝴蝶跟它最好啦！……）

师：想象一下，白蝴蝶会说些什么，一会儿我们听听同学们能编出哪些结尾来？开始。

（生自编故事结尾。）

师：来，把你们编的结尾与大家分享一下。

生：白蝴蝶跟着红气球一起飞到天上，红气球说："好蝴蝶，你别跟着我，再上去，你就没有氧气了。"可白蝴蝶说："我要永远和你在一起。"

师；哦，选择了永远在一起。这是他编的结尾。

生：这个蝴蝶就跟着气球一直往上飞，突然树上掉下一个东西把气球砸爆了，蝴蝶很伤心。

师：这真是个悲惨的结局。有不一样的结尾吗？

生：白蝴蝶跟着红气球飞上了天空，飞出了地球，看见了无数星星。

师：（生笑）童话是可以想象的，它们看到无数的星星，一起过着快乐的日子。

生：白蝴蝶和红气球一起往上升，气球被挂在树枝上了，它们永远在一起了。

师：他选择的比较圆满的。我们来看看作者原本的结尾。《白蝴蝶》和《去年的树》有什么相似之处？

生：它也是要跟着红气球，不管它去哪里。

师：两个朋友之间永不言弃，是吧？

生：它们两个也是不分开。

生：白蝴蝶像鸟儿一样，红气球像树，鸟儿在不停地追着树，白蝴蝶也永远跟着红气球。去年的树，鸟儿也是要永远和树在一起。

（注：教学案例选自北京大学附属小学卢静执教的《去年的树》。）

我们是不是可以这样说，教师是成人，解读教材源于成人的视野，但学习的毕竟是儿童，所以，教学要从儿童的视角出发。

二、 科学的视野，语文的视角

阅读科学小品文，教师和学生的目光会不自觉地向科学知识投去颇感兴趣的一瞥。比如，学习《太阳》（人教版教材三年级下册），教师在课堂上就会相应的拓展不少有关太阳的资料；学习《月球之谜》（人教版教材三年级下册），教师就让学生搜集现在未解的月球之谜来进行交流……由于对知识的关注，从而冲淡语文味是教学这类课文常见的问题。

《飞向蓝天的恐龙》是人教版教材四年级上册“科技成就”一组中的一篇。《呼风唤雨的世纪》《电脑住宅》《飞船上的特殊乘客》是这组另外的三篇。我们能看到教材在尽力向学生打开科学的视野。但是，如何从语文的视角解读教材，利用教材呢？我觉得最重要的是，对课后题要给予充分的重视。语文教材的课后题，不是寻常的练习题或无关紧要的思考题，而是语文特点的集中体现，是课标理念的具体落实，是语文教学的重点所在。以《飞向蓝天的恐龙》为例：

思考题一：多么有趣的课文啊！我要好好读一读，并把感兴趣的部分背下来。

这个题目不仅注重对学生阅读兴趣的激发，更提出了朗读背诵的要求：要读好课文，并把感兴趣的部分背下来。这个题目是三维一体的，既有知识能力目标（把课文读好），也有过程方法目标（通过背诵积累语言），同时关注了学生学习的情感态度（背诵自己感兴趣的部分）。

思考题二：恐龙飞向蓝天的演化过程是怎样的呢？我们来根据课文想象一下，再用自己的话有条理地说一说。

这部分内容，关注的是表达顺序和条理。课文叙述恐龙飞向蓝天的演化过程所用笔墨最多，表达也最有特点。这个题目即要求学生在阅读中理清表达顺序，并通过叙述体会表达的顺序和条理。

思考题三：我发现课文中的语句表达得很准确。例如，“恐龙的一支经过漫长的演化，最终变成了凌空翱翔的鸟儿”。让我们找一找这样的语句，读一读，谈谈自己的体会。

对词句的准确表达，用词严谨认真是科学小品文标志性的语言风格，尽管这篇文章内容有趣，语言活泼，但是依然清晰地体现着这个特点。除了列举的语句，课文中还有很多，比如，“其中，一些猎食性恐龙的身体逐渐变小，长得也越来越像鸟类……”“它们中的一些种类可能为了躲避敌害或寻找食物而转移到树上生存”等语句中的用词，与科学推测是一致的，与科学态度是照应的。思考题三就是用例举的方法，引导学生在读中揣摩，品析词句，体会这类词句的表达效果。

即使是看似重知识的“选做题”和“资料袋”，（课后的“选做题”有这样的导引：“我要再找一些关于恐龙的资料读一读。”“资料袋”中，是有羽毛恐龙的发现为人们提供了部分恐龙向鸟类演化的依据的科学资料。）着眼的也是对学生阅读兴趣的激发，阅读实践的丰富，而不是单纯对知识的获得。只要我们立足于语文的视角，科学视野的打开，不仅不会使语文教学走向知识的误区，而且会大大丰富学生的语文实践。

三、原著的视野，篇章的视角

中外文学名著备受编者的青睐。从中国的四大名著，到外国的著名作品，都以篇章、片段或缩写的形式，在教材中占有一席之地。而这些课文，最能见证教师解读教材、利用教材的功力。

比如，人教版教材五年级下册第五组选的四篇课文，分别来自于四部中国古典名著——《将相和》选自《史记》，《草船借箭》选自《三国演义》，《景阳冈》选自《水浒传》，《猴王出世》选自《西游记》，四个故事相对比较完整。

怎样做到准确解读、利用这样的教材呢？首先教师对原著要有比较细致的阅读，这样，在教学中，才能把故事置于原著的大背景里，给学生一个阅读篇章的视角，突出篇章的教学重点。例如，《猴王出世》教学片段：

师：对于孙悟空这个人物，你们一定很熟悉了，能谈谈你对他的了解吗？

生：孙悟空是《西游记》中唐僧的大徒弟，他正直勇敢，杀妖降魔，非常厉害。

生：孙悟空会七十二般变化，在降妖的时候，他经常进行变化，迷惑妖魔。

生：孙悟空大闹天宫，天兵天将都拿他没有办法，后来被如来佛祖收服，压在五行山下，后来随唐僧西天取经。为防他不服管束，还给他戴上了紧箍咒。

生：孙悟空的武器是金箍棒，原是东海龙王的定海神针，能随意变长变短，又叫如意金箍棒。

……

师：看来你们对孙悟空的了解真不少。孙悟空是只猴子，可他不是一般的猴子，《猴王出世》又展示了他怎样的不同凡响呢？请同学们自由阅读这个故事，在你有新的感受的部分进行批注，一会儿我们再来谈谈从这个故事中你感受到的孙悟空。

其次，教师要善于捕捉篇章与原著的交接点，把握学生阅读的兴奋点，在学生阅读篇章后，引导学生质疑，或巧妙设疑，从而实现通过篇章的教学，激发学生阅读古典名著的兴趣。例如，《三国演义》的教学片段：

师：在《草船借箭》中，我们重点领略了诸葛亮的风采，同时也对周瑜、鲁肃、曹操有了一点了解，那么对于这些人物，你还有想深入了解的问题吗？

生：我想知道，诸葛亮为什么不拆穿周瑜的诡计？鲁肃是周瑜的人，诸葛亮怎么能相信他？

生：我想知道，周瑜为什么要算计诸葛亮？仅仅是因为嫉妒他的才能吗？

生：我想知道，周瑜和诸葛亮为什么要跟曹操交战？最后交战了吗？

……

师：《草船借箭》选自中国古典文学名著《三国演义》第四十六回《用奇谋孔明借箭，献密计黄盖受刑》。全书共有一百二十回，要解开你们刚才的疑问，可以阅读原著，当然如果重点阅读一下四十三回《诸葛亮舌战群儒，鲁子敬力排众议》，你会知道诸葛亮为什么不拆穿周瑜的诡计，信任鲁肃，读一读四十四回《孔明用智激周瑜，孙权决计破曹操》，你会知道周瑜为什么要算计诸葛亮，读一读四十五到四十九回，你会知道交战的过程与结果。

《三国演义》中有许多脍炙人口的故事，在民间流传极广，以致许多歇后语就来源于此，比如，“诸葛亮七擒孟获——欲擒故纵”，“曹操吃鸡肋——弃之可惜，食之无味”，“刘备借荆州——有借无还”，“东吴招亲——赔了夫人又折兵”，“鲁肃讨荆州——空手而去空手而回”，“关云长刮骨疗毒——若无其事”，“周瑜打黄盖——一个愿打，一个愿挨”，“徐庶进曹营——一言不发”等，每个歇后语中都包含着一个有趣的故事，感兴趣的可以读一读原著，了解这些歇后语的意思，那将是一件很有趣的事情。

而这样的教学，基点源于教师对原著的深入了解，原著的视野，决定了透视篇章的视角，使教学既大气磅礴，又聚焦精彩。

当然，如果像这样思考下去，我们还会想到整册的视野，单元的视角；单元的视野，一课的视角；……总之，视野和视角是教材解读回避不了的问题，处理好它们的关系，是每一个教师都应重视的问题。因为视野决定教学的宽度，视角保证教学的效度。

透过“童言”看低年级阅读教学

小学低年级的课文，篇幅简短，内容浅显，形式活泼，符合七八岁小学生的特定年龄。不过，因此就认为低年级的阅读教学简单，却是一个很大的误会。当我们真正把目光聚焦在低年级的阅读教学课堂上，仔细聆听孩子们童稚的声音，就会发现许多值得思考的问题。而解决这些问题，恐怕是优化低年级阅读教学的关键所在。

一、阅读教学中，教师对文本解读的偏颇

《假如》是人教版教材二年级上册的一篇课文。课文讲了作者想帮助别人的美好愿望。课文结尾，言犹未尽：“假如我有一枝/马良的神笔……”许多老师在这个地方，让学生展开想象，仿照课文来表达自己美好的愿望。请看下面这个片段：

师：假如你有一枝马良的神笔，你想做什么？

生：假如我有一枝马良的神笔，我想给老师画一束鲜花，让老师每天都有好心情。

生：假如我有一枝马良的神笔，我想给四川灾区的小朋友画一所学校，让他们不用担心没有地方学习。

生：假如我有一枝马良的神笔，我想给盲人叔叔画一双明亮的眼睛，让他和我们一个样儿。

生：假如我有一枝马良的神笔，我想给自己画一双翅膀，自由地飞翔在蓝天上。

如果你不特别地留意，你会赞叹学生想象的多彩和飞扬的童心，而不关注其他。包括上课的老师，依然对说“假如我有一枝马良的神笔，我想给自己画一双翅膀，自由地飞翔在蓝天上”的学生提出了热情的表扬。你可能以为这有些小题大做，为什么就不能为自己做点什么呢？我们无意推崇绝对的利他主义，甚至我们从中看出的问题跟这没有丝毫关联。透过这个细节，看到的是教材理解的问题。

《假如》通过三个类似的小节，讲述了作者对“小树”“小鸟”“西西”的真诚关爱。这里的“小树”“小鸟”“西西”是植物、动物、人的代表——关爱一切生命是这篇课文的主题。既然是继续课文的表达，那么显而易见，想给自己画翅膀的孩子的表达主题旁落，与教师解读教材偏颇不无关系。

低年级教材虽然简单，简单到许多老师都觉得学生一读就懂，没有解读的必要。事实上，并非我们想象的那样简单。教材解读的偏颇，常常会带来阅读教学的不尽如人意。解读偏颇的归因多是不能与作者进行深入对话，而是一厢情愿地建构教材。这样的例子并不少。

比如，老师执教人教版教材三年级下册的《要是你在野外迷了路》一文，常常在读书的时候，让学生喜欢哪种天然的指南针就读哪个小节，而忽略作者的整体思路：作者选取了太阳、北斗星、大树、积雪四种天然的指南针，基本涵盖了野外迷路可能遇到的各种情况——如果是白天，可以利用太阳；如果是夜晚，可以利用北斗星；如果是阴雨天，可以利用大树；如果是冬季，可以利用积雪。从时间到季节的整体构思，看出作者创作科学诗歌的严谨和认真。如果我们仅仅满足或停留于几种指南针上，就显得随意草率了。

再比如，对人教版教材二年级下册的《画家和牧童》一文教学时，画家和牧童基本平分秋色：画家谦虚，牧童勇敢。实际上，牧童的出现从另一个角度突出了画家的谦虚和作画的认真态度，进一步完善了画家德艺双馨的形象，这恐怕是作者的真实意图。至于牧童给大画家的画指出毛病，一者牛是他生活中熟悉的事物，二者童言无忌，何来勇敢？

二、阅读教学中，教师对学生朗读的指导

这是人教版教材二年级上册《浅水洼里的小鱼》一课的教学片段。教师把课文的最后一段出示在大屏幕上，并如下面一样在有关字词下面加上了着重号，让学生来读。

“这条在乎，这条也在乎！还有这一条、这一条、这一条……”

师：请同学们读大屏幕中的这句话，注意加点的词语要重读。

生：老师，为什么“这”要重读呢？

童言无忌，感谢童言无忌！如果没有这个孩子这样的疑问，老师们司空见惯的做法，是不会让我们的思维稍作停留的。那整齐的声音，足以掩盖朗读指导过程中的急功近利。

低年级朗读的重点是正确、流利，有的课文还要读出应有的语气。怎样读好课文，确实是不容易的，尤其是低年级学生，离不开老师的指导。但要明确的是，这里说的“指导”和“告诉”“教”是有本质区别的，“指导”应直指语感的培养，这是朗读指导的本。而我们看到的不少课中，恰恰只重视朗读的结果，忽略朗读的过程，本末倒置。教师指导学生朗读的常见不良做法有四种：标注词语，暗示重音；先定感情，然后再读；抓住一句，不顾整体；不管体裁，偏好齐读。上面举的案例是第一种，标注或涂红词语，暗示学生读出重音，机械地按照老师定的调子朗读，也难怪学生会产生疑问。那么，如何指导低年级学生朗读课文呢？很多老师的做法能给我们有益的启示。

一是加强教师的朗读示范。

经验告诉我们，一个擅长朗读的教师，教的学生朗读能力大多都很强，这固然有其他的因素，但教师潜移默化影响的作用毋庸置疑。尤其

是一年级的学生，他们把握语气的朗读经验多来自模仿。我们看人教版教材一年级上册《小松鼠找花生》中的几个句子：

小松鼠问鼹鼠："这是什么花呀？"

小松鼠很高兴，他想：等花生结了果，我就把花生摘下来，留着冬天吃。

小松鼠感到很奇怪，自言自语地说："是谁把花生摘走了呢？"

这三个句子，第一句是跟鼹鼠对话中的问话，小松鼠看见"花生已经开花了，一朵朵金黄色的小花，在阳光下格外鲜艳"，才生发了问的想法，这是因喜欢而问，因好奇而问，问中有对答案的期待；第二句是当小松鼠听鼹鼠说"这是花生的花。到了秋天，会结花生，花生可好吃啦"时，心中所想，愿望的美好，心情的愉快尽在其中了；第三句是小松鼠没看见希望中的花生，心中自言自语的嘀咕，有失望，更多的是困惑和不解。一年级的学生不可能体会这么深，更不容易准确地把握这丰富的语气，老师适时的示范就显得格外重要了。从老师的示范中，他们会听出自己体会不到的意味。当然，这一过程不是机械教和模仿的过程，熟谙教学艺术的教师，会给学生深入浅出地讲自己为什么这么读，让学生知其所以然。这样的示范，就不光是语气的示范，而是思维过程、理解过程等的示范，这是至关重要的。

二是重视对词语的理解和感悟。

案例：下面是人教版教材二年级上册《酸的和甜的》一文的教学片段：

师：看一看二、三自然段，谁能把小松鼠和小兔子的想法读出来？

生：（读）狐狸很聪明，他说葡萄不能吃，那一定是酸的。

师：你觉得小松鼠相信狐狸的话吗？哪个词告诉我们小松鼠相信了呢？

生："一定"这个词告诉我们小松鼠非常相信狐狸的话。

师：你能读出这个意思吗？

生：（读）狐狸很聪明，它说葡萄是酸的，那一定不能吃。

（学生自然把“一定”强调了出来。）

教师在指导学生朗读过程中，对词语给予足够的重视，引导学生留意这些词语，感悟这些词语传递出来的信息，继而读出它们的意思。这样的方法是行之有效的。除了文中重点词语，提示语也是不容忽视的。低年级的课文，多是有趣的故事，故事中人物的语言前面通常都有明确的提示语。比如，人教版教材二年级上册《从现在开始》一文中，几个主要人物的语言前面都有提示语，猫头鹰说话是“神气”的，袋鼠说话是“激动”的，……最后狮子说话是“笑眯眯”的，形象生动地表现出了他们各自的神态与心情。注意到了这些提示语，自然就容易把握相应的语气了。

三是在学生读不好的地方点拨指导。

学生朗读不好的原因，归结起来，大致有两点：一是不良习惯的惯性使然，比如读人教版教材二年级上册《回声》一文中“小河上有座石桥。半圆的桥洞和水里的倒影连起来，好像一个大月亮”一段，学生习惯强调“大”字，与作者的原意“半圆的桥洞和水里的倒影像月亮”这个意思不符；二是不能联系上下文来读，比如人教版教材二年级上册《小柳树和小枣树》一文中“小柳树实在忍不住了，她问小枣树：‘你怎么不说我呀？’”一句，学生读时多强调“说”字。可是要联系前文，小柳树几次“说”过小枣树，说她树枝难看，说她不长叶子，当小枣树结了枣子时，小柳树终于看到了自己的不足，她满心以为小枣树会像她一样也说自己，可是小枣树什么也没说，她忍不住了所以才这样发问。这样看来，读这句话时应该强调的是“我”，而不是“说”，因为小柳树的潜台词是“我几次说你，你怎么不说我呢？”

培养学生的朗读能力，学生自己的朗读实践无论如何是不能省略的环节。在学生自主读书的过程中，教师只要用心倾听，就会听出学生理解上的一些问题，对症下药，指导学生读出应有的语气。

四是要重视学生间相互的朗读评价。

在很多老师的阅读教学课上，我们都会看到这样的情景：

案例：人教版教材二年级上册《纸船和风筝》一文的教学片段——

（师指名朗读二、三自然段。）

师：他读得怎么样？你可以夸夸他，也可以说说他哪里读得不够好，来帮他读好。

生：我觉得他“祝你快乐”没读好。

生：“祝你快乐”后面是感叹号，说明松鼠非常希望小熊快乐，应该读出这个意思。

师：真心祝福别人的话应该怎么说？你能来读一读吗？

生：（读）“祝你快乐！”

师：我听出来了，你多希望小熊过的快乐。谁还希望小熊快乐，想把祝福送给他？

生：祝你快乐！

生：祝你快乐！

师：我们一起来祝福小熊吧！

生：（齐）祝你快乐！

朗读评价看起来是这样简单的过程，你读我评，实际上，对别人朗读的评价，是以用心倾听和理解为基础的，在评价中，不仅涉及对词句、标点的理解，还有对生活经验和积累的充分调动。而这样的过程，是学生自悟的过程，是直指语感的。

三、阅读教学中，对阅读材料的拓展

人教版教材一年级上册中的《小松鼠找花生》是一篇蕴含花生结果知识的有趣的童话。小松鼠等到秋天，也没有看到花生的果子，它很奇怪，自言自语地说：“是谁把花生摘走了呢？”课文到此戛然而止，巧设悬疑更增添了趣味。这个疑问不自觉地也成了学生的疑问。下面是一个相关的案例：

师：课文读到这里，你有什么疑问吗？

生：我想知道，花生是谁摘走的呢？

师：谁能回答这个问题？

生：我知道，是鼹鼠摘走的。

师：你说的不对，其实，花生的果不是结在枝头，而是长在地里。谁也没有摘走花生，它们还好好的埋在地里呢！

生：啊？

怎样看老师这样的处理呢？在思考这个问题的时候，我们不妨看另外一个案例，当然开头是极为相似的——

生：花生到底是被谁摘走的呢？

师：你和小松鼠一个样，都想知道这个问题的答案。有谁知道答案？

生：是小鼹鼠吗？

生：是别的小动物吧？

生：花生根本就没结果。

师：你们说的对不对呢？我们来读读花生的自我介绍，看看能不能找到答案吧。

（多媒体出示花生的生长图示及介绍文字：我是大家都喜欢吃的花生。你知道吗？我的花是金黄色的，花瓣上还带有紫红色的条纹，像一只只小小的黄蝴蝶，可漂亮了！我开花后，不像别人那样在枝头结果，而是生长出头尖尖的子房柄，子房柄伸入土中，尖尖的头部就变成小小的花生豆荚。花生豆荚在黑暗的土里，吸收土里的营养，渐渐的，就长成我现在这个模样了。我成熟后，人们拔掉花生秧，就找到我了。）

师：这下你们知道花生在哪儿了吗？

生：知道了，花生在地底下埋着呢！

师：小松鼠还不知道呢，快告诉小松鼠吧！

生：小松鼠，花生没有被别人摘走，它们都在地里埋着呢！你快拔掉花生秧，就会找到花生了！

孰优孰劣，一对比就明显了。到底是谁把花生摘走当然不重要，重要的是，采用什么策略来解决学生的疑问。我们看到，前者认为这个问题并不重要，所以简单告诉，后者却预见到了问题中蕴藏的学习语言的契机，所以不仅引导学生通过自主阅读了解花生结果的秘密，而且创设情境，让学生把了解到的秘密告诉小松鼠。这个过程，既是阅读提取信息的过程，又是表达的过程，同时，学生因为有比较浓厚的探究欲望，他们的学习是主动的，兴趣盎然的。此时此境，这样的拓展阅读对学生学习语文无疑是有效的。

拓展阅读，可以说并不是鲜见的做法。但对于教低年级的教师来说，拓展阅读还没有引起广泛的关注。如果说上文的例子，通过拓展阅读丰富了学生的知识，解决了学生的疑问，那么下面的例子则会从更开阔的视角让我们看到拓展阅读的作用。

案例 1：拓展阅读，深化含义。

师：《酸的和甜的》这个故事有趣吗？

生：有趣！

师：我还给同学们带来了两个故事，也很有趣，一个故事的名字叫《小马过河》，一个故事的名字叫《咕咚》，快快读读吧，说不定你还有有趣的发现呢！

（生读两个故事。）

师：与《酸的和甜的》这个故事相比，你有什么有趣的发现吗？

生：我发现了，《小马过河》说的是不能光听别人说，自己要试一试。

师：什么事要试一试？

生：河水是深是浅这件事。

师：你的发现很了不起！

生：我发现，《咕咚》中的野牛就像小猴子一样，看到大家都跑，他要问一问是怎么回事，才发现咕咚不是可怕的东西，只是木瓜掉到水里的声音。

师：你找到了小猴子和野牛相同的地方，一定是边读边思考了。

生：狐狸、小鹿他们听见小兔说咕咚来了，就跑，他们很像《酸的和甜的》中的小松鼠和小兔子。

师：你们真会发现，看来，不光是吃葡萄，做什么事也不能光听别人的，还要自己动脑筋，亲自尝试一下！有兴趣的同学，可以把今天我们读的三个故事读给爸爸妈妈听，看看他们有什么发现！

这个教学片段向我们展示了对比阅读的魅力：在阅读中，学生将读、思、说融为一体，通过故事、人物的对比，对课文的内涵理解得更加深入，还打开了学生的视野——故事内容虽然各异，却有着同样的内涵，使他们由一事一物看到几事几物，从而领会到凡事不能光听别人说的道理。

案例2：拓展阅读，由“文”而“书”。

师：《纸船和风筝》讲了两个好朋友的故事，让我们很感动。老师还要给大家推荐一本有关朋友的书，书的名字叫《夏洛的网》。（把书名板书到黑板上）请你猜一猜，夏洛可能是谁呢？

生：是一个小男孩。

生：是一个小女孩。

生：是一个外国小孩。

师：你怎么这样想？

生：我觉得名字像个外国名字。

师：你们各有各的想法，好！不过，告诉你们呀，夏洛可不是人的名字，是一只蜘蛛的名字。我们都知道，蜘蛛最擅长做什么？（织网）对了。蜘蛛的网用来捕捉飞虫，填饱肚子。夏洛这只蜘蛛的好朋友是一头小猪，名叫威尔伯。大家都知道猪被养大养肥后的命运，那就是被人宰掉吃肉，可是在夏洛的帮助下，小猪威尔伯不但没被宰杀，还成了被大家保护的动物。这是怎么回事呢？夏洛是怎样帮助小猪威尔伯的呢？如果你想知道，那就快去读读这本书吧！

语文课程标准提出，第一学段学生课外阅读总量不少于5万字，这是一个保底的数字。对于低年级学生来说，这是一个不小的数目。怎样激发学生阅读的兴趣，怎样引导学生读好书、读成本的书，我认为，教师搭建这样一条由课内阅读到课外阅读、由篇章阅读到成本书阅读的桥梁，是一举多得的。

答辩，如何引领教师深度反思

有人说，教师的成长等于教育实践加反思，其中反思是决定因素。教师的反思离不开教育实践，正是在教育实践中对教育世界的不断追问，对所怀理想的不断思考，对教育意义的不断追寻，才有了教师的成长。然而，教师对教育现象的敏锐度和反思的角度，还实实在在制约着教师反思的质量。在教学能手评选过程中，我们要求教师针对课堂教学进行现场答辩，力图通过这样的方式，引领教师进行深度反思，看到课堂之外要关注的问题。

一、与语文对话

在教学中，你设计了三次读写结合，请你设想一下，如果只保留一次，保留哪一次能体现工具性和人文性的和谐统一？（人教版教材二年级下册《我为你骄傲》）

请你谈谈科学小品文的教学应怎样体现语文学科的特点？（人教版教材三年级下册《月球之谜》）

请你谈谈像本课这样思想性很强的文章，怎样让学生在扎实的语言学习过程中，潜移默化地受到情感熏陶？（人教版教材三年级下册《检阅》）

这些问题，是直指语文学科特点的。工具性和人文性的和谐统一，应该是教师和语文对话的主要内容。以《我为你骄傲》一课的答辩问题为例，让我们来看看问题可能带来的思考。教师在课堂上三次读写结合的设计是这样的：

设计一："我"给老奶奶的便条上是怎样写的呢?

设计二：看了老奶奶的便条，"我"又怎样回复呢?

设计三：请为你的同学写一个便条，写你为他（她）骄傲以及骄傲的原因。

这个问题，是要教师通过反思，明确这样几个认识：第一，一堂课中进行三次读写结合练习，费时过多而且每次都是蜻蜓点水，收效甚微。一篇文章读写结合点尽管很多，但不是不加选择地逢"点"必练，还要考虑实效。第二，工具性和人文性和谐统一，是好的读写结合的一个标志。

经过这样的反思，教师自然会选择保留设计一。设计一是源于课文中的空白点，课文中只提到"我"给老奶奶写了一张便条，便条上讲述了事情的经过，并真诚地表示歉意。究竟是怎么写的，没有说。学生仿写便条，不仅要讲清事情的经过，还要说明 7 美元是自己赔偿玻璃的，表达自己的歉意。这个过程，学生既练习了表达，又在经历男孩心路历程中受到潜移默化的熏陶和感染。至于设计二和设计三，前者可能让学生只有一句话好说，后者却完全脱离了课文，甚至学生写出来的东西也跟课文没有多少联系了。这样的设计，源于老奶奶的宽容和善意，但是，课文着力要赞扬的是"我"这个小男孩，老奶奶只是一个配角而已。

二、与作者对话

你认为杰克逊大叔的所作所为与表现哈默有什么关系？（人教版教材四年级下册《尊严》）

你认为萨沙去保护弱小蔷薇的行为跟妈妈和哥哥的行为有关系吗？（人教版教材二年级下册《我不是最弱小的》）

你认为《检阅》一课的主人公是谁？作者着力弘扬的是什么？（人教版教材三年级下册《检阅》）

请你谈谈老板态度的前后变化在说明什么？（人教版教材三年级下册《一面五星红旗》）

你认为文章结尾一段，在全文起什么作用？（人教版教材四年级下册《中彩那天》）

请你谈谈文中“我做了一个花的梦，做了一个思乡的梦”一句话，作者要说的是什么？（人教版教材五年级下册《自己的花是让别人看的》）

举例说说，你认为标点在表情达意中起到什么作用？（人教版教材三年级下册《画杨桃》）

学生提出了“作者见到聋哑青年的胸前厂徽，为什么心里咯噔一跳”，你认为这个问题有没有探究思考的价值？（人教版教材四年级下册《鱼游到了纸上》）

这些问题来源于对文本的解读。毋庸置疑，文本解读的正确与否，决定了课堂教学的质量。这里列举的几个问题，有的引导教师对文本整体观照，有的引导教师理解重点段落，还有的细微到对一句话、几个标点表达作用的关注。

当我们对执教《尊严》的老师提出，“你认为杰克逊大叔的所作所为与表现哈默有什么关系”这个问题的时候，要提请他思考的是，教学中让哈默和杰克逊大叔平分秋色，是理解上的偏差。杰克逊大叔尊重哈默、留下哈默、把女儿嫁给哈默，这不是他本身的品质抑或做人的问题，而是哈默强烈的尊严感使然。杰克逊大叔的所作所为从另一个角度突出了主人公哈默，而不是他自己。这样解读文本，才会使教学重点突出。

这个问题的普遍性也会引起听课教师的注意。教材中有许多类似的课文，如《检阅》《酸的和甜的》《画家和牧童》《一面五星红旗》，我们常常会因为一些句子（比如《检阅》中“这个小伙子真棒!”，《酸的和甜的》中“狐狸为什么硬说葡萄是酸的呢?”）或过分的解读（教师教学用书中《画家和牧童》的教学目标中提到“体会画家和牧童的优秀品质。懂得要敢于挑战权威，也要谦虚谨慎”。），而走上了与作者对话的歧途，在“这个小伙子”“狐狸”“牧童”等故事中处于配角地位的人物身上，做长时间的停留，使故事的主人公黯然失色，或使故事的主旨悄然旁落。

三、 与编者对话

你是怎样理解课文中提示语（他们都说在外边等着对方，俩人想的一样吗?“挨”字用得真好!）的编排意图的?（人教版教材四年级下册《争吵》）

你怎样理解“把自己喜欢的部分背下来”这个课后题?（人教版教材四年级下册《乡下人家》）

谈谈备课时你是怎样考虑对课后“资料袋”的利用的?（人教版教材四年级下册《蝙蝠和雷达》）

备课时，你是如何考虑利用课后“阅读链接”的?（人教版教材四年级下册《触摸春天》）

举的几例虽不全面，但也能看出用意何在。解读文本和作者对话很重要，和编者对话尤为重要。不管什么版本的教材，都体现了编者的意图，而编者的意图是课程标准的具体落实，既有目标的落实，也有策略的引领。比如，人教版教材，主题组元的编排特点，以及课后题、提示语、资料袋、阅读链接等栏目的设置，倾尽了编者的才力和智慧，吸纳了大量的行之有效的经验做法，是值得老师格外留意的。

就拿课文中的提示语来说吧。在《争吵》一文中，安排了两次提示语，“他们都说在外边等着对方，俩人想的一样吗?”引导学生边读边想，联系上下文体会人物的不同心理，从而看到克莱谛纯洁的心灵和对朋友的真诚，使读书走向深入；“这里的‘挨’字用得真好！”引导学生体会“挨”字的表达效果，体会人物由于和朋友闹矛盾而备受煎熬的心理。理解了编者的意图，教师在教学中就要充分利用提示，引导学生从中想开去，逐步提高学生自能读书的水平。

四、与自己对话

朗读的方式很多，请谈谈你为什么在本课教学中多采用齐读的方式？（人教版教材三年级下册《可贵的沉默》）

这篇课文通篇是人物对话，且联系紧密，体现了人物的“刨根问底”的性格特点。请谈谈指导学生朗读是否应该观照课文特点？为什么？（人教版教材二年级下册《最大的“书”》）

引导学生背诵课文最后一段，你采用的是熟读加提示的方式，就本课这一段来说，你认为还可以用什么方法？（人教版教材三年级下册《画杨桃》）

说说你教学中请学生仿写的设计意图。（人教版教材五年级下册《再见了，亲人》）

请谈谈你让学生想象一家人如约重逢这一环节的设计意图。（人教版教材四年级下册《一个中国孩子的呼声》）

教学中你让学生模仿播音员广播救助小燕子的消息，请谈谈这个环节的设计意图？（人教版教材三年级下册《燕子专列》）

举例谈谈你是怎样引导学生体会文章表达方式的？（人教版教材三年级下册《翠鸟》）

答辩中，大多时候，我们是通过这样的命题，引导教师反思自己。这些答辩题，让教师重温教学过程中的某个重要细节，重新审视相关的教学策略发挥了怎样的功效。这里有一些是方法的提示，比如前 3 个问题；大多还是值得赞许的做法，之所以让老师再来谈，一是要上课教师从教学效果中进一步印证自己的思考，更重要的是，请听课教师注意到教师教学中独具匠心的教学设计及其明显效果。

比如，《一个中国孩子的呼声》一文教学中，在一家人约定的后面，教师让学生想象一家人如约重逢的情景，学生就能体会到作者失去父亲，从幸福的巅峰跌落到痛苦的深渊的悲痛心情，读得动情入境，跟作者产生共鸣。

给人留下深刻印象的是对《翠鸟》一文的教学。教师关于翠鸟羽毛部分的教学，真正具体形象地展示了引导学生体会表达方式的过程，这个过程让不少教师曾经简单模糊的认识清晰了。

师：对比句子，注意加点的部分，你发现了什么？

头上的羽毛像橄榄色的头巾，绣满了翠绿色的花纹。

背上的羽毛像浅绿色的外衣。

腹部的羽毛像赤褐色的衬衫。

生：我发现，作者写翠鸟的羽毛，都用了打比方的方法。

师：再读，注意加点的词语，你又发现了什么？

头上的羽毛像橄榄色的头巾，绣满了翠绿色的花纹。

背上的羽毛像浅绿色的外衣。

腹部的羽毛像赤褐色的衬衫。

生：我发现，作者写翠鸟的羽毛，是按照“头上—背上—腹部”这样的顺序来写的，读的时候我感觉作者好像是在画翠鸟。

师：请读读下面这些句子，想想它跟我们刚才读的句子的意思一样吗？

头上的羽毛是橄榄色的，上面有翠绿色的花纹。

背上的羽毛是浅绿色的。

腹部的羽毛是赤褐色的。

生：意思是一样的，都是说翠鸟羽毛的色彩。

生：意思是一样的，也是按顺序介绍翠鸟羽毛的颜色。

师：同样的意思，作者为什么选择了这种方式来写？

生：用打比方的方式，很形象。

生：加上作者的想象，我感觉翠鸟很可爱。

师：有没有作者本身的原因？

生：作者这样写，我感觉他很喜欢翠鸟，在作者的眼里，翠鸟像一个小精灵，它不仅戴着头巾，还穿着外衣和衬衫，那么美丽和有趣。

师：说得多好！作者这样来写翠鸟，让我们想象到，他是怎样长久地注视着翠鸟，怎样喜欢着翠鸟，怎样对翠鸟的每一个部分细细地欣赏啊！

还用说什么呢？表达方式，再不是停留在技巧上的“方式”，“言为心声”这样鲜明地印在每一个学生的心里。

“答辩”，顾名思义，是公开回答别人的提问，为自己的观点或行为申辩。而我们上述的“答辩”，已渐渐走出了答辩的本意，弱化了它的表白功能，走向了更广阔的空间，成了引发教师思考、促进教师发展的一种教研方式。答辩问题的质量，是决定能否引领教师深度反思的关键。通过答辩，让教师与语文对话、与作者对话、与编者对话、与自己对话，甚至是与学生对话，应该成为我们追求的一个方向。

无关尊严

一个饥饿难耐的人，面对着善良的人们提供的食物，不肯狼吞虎咽，坚持要用劳动换取食物。尽管那劳动于一个大男人来说，形同儿戏，用拳头为一个善解人意的老人捶捶脊背。相传这是石油大王哈默年轻时的故事，故事的名字叫《尊严》。这个曾经百分之百的穷光蛋，被杰克逊老人称为百分之百的富翁。

我绞尽脑汁，给“富翁”以牵强的理解：一个人，如果你有强烈的尊严感，那么就是百分之百的精神上的富翁；而有尊严的人，势必赢得周围人的尊敬，事业总有一天会风生水起，成为百分之百的物质上的富翁。

这个美国故事，选编在人教版教材四年级下册的课本上。不知道中国10岁的孩子对此会有怎样的诠释。没有人试过让他们畅所欲言，因为童言无忌很可能会让教材和老师都无所适从，或者从心底生出——滑稽。

这样的故事中国也有，只是结局悲惨，致使人们不敢明确说那是不是尊严。

一个尽人皆知的故事，《不食嗟来之食》：

“齐大饥，黔敖为食于路，以待饿者而食之。有饿者蒙袂辑屦，贸贸然来。黔敖左奉食，右执饮，曰：‘嗟，来食！’扬其目而视之，曰：‘予唯不食嗟来之食以至于斯也。’从而谢焉。终不食而死。”

与《尊严》何其相似！只是我们有尊严的“贫者”不如哈默，黔敖

“从而谢焉”，追上去为自己无意的行为真诚道歉，也没有让他放下尊严，“终不食而死”，何苦来哉！让后人徒增笑尔。

一个是从小听来的，民间聊斋故事：

一个穷小子，娶了富家千金（这个开头有些荒唐，不知道是不是富家千金的父亲也看中了穷小子的骨气）。富家千金倒是一点不嫌贫爱富，带来不少的嫁妆，对小伙子也是情深意浓。可是穷小子见不了绫罗的被褥，光鲜的富贵，新婚第二天就远走天涯，发誓不发财不把家还，丢下老娘和新婚的妻子，尽管她们苦苦规劝。当他终于骑着高头大马回来时，院子里蒿草冲天，荒芜一片。妻子开门相迎，老娘笑脸频现。在妻子煮饭烧菜的当儿，他蓦然发现屋子里赫然摆着两口棺椁，那久别的妻子伸着血红的舌头在吹火，火光映照的，是一张毫无血色的脸。鬼！他总算急中生智，跳窗骑马而逃，妻子和老娘在后面声声呼唤，凄厉又幽怨。

我还记起给我讲故事的人，在结束时对小伙子的咒骂。因而对后面紧紧相随的两个女鬼，平生第一次少了恐怖，多了怜悯。

过犹不及。标榜中庸的中国人，对“尊严”做出的竟是这样极端的解释。要么自己死去，要么，让别人死去。

如果生命的一端，面对的是良善，那么生命尽可以俯下身子，接受一份人性的馈赠。

这无关尊严。

“鸭子的标准”与儿童的目光

丑小鸭的“丑”似乎是公认的了，几乎没有人持怀疑的态度。但是，天鹅真的比鸭子丑吗？说它丑，那是用鸭子的标准来衡量。它个头大，不合鸭子的口味，因为鸭子以小为美；它的毛灰灰的，不是鸭子常见的色彩，因为鸭子只钟情于那不成熟的嫩黄。鸭子群里，自然是鸭子说了算，因而即使是白天鹅，也难称它们庸俗的心。“丑小鸭”的厄运，根源就是它生在鸭群里。

由此我联想到对语文教材的理解。每篇文章在学生未学之前早已有了自己的标准：《咕咚》（人教版教材一年级下册）批评了盲从的行为，《坐井观天》（人教版教材二年级上册）嘲笑的是见识短浅的人……这是谁的标准？这是成人的标准。孩子们呢？从《咕咚》中，他们得到的不是教训，而是无以言表的快乐，故事的诙谐与幽默，人物夸张的动作和形象的语言，给了他们美妙的享受；从《坐井观天》中，他们虽然觉得青蛙的说法很好笑，却一点也不觉得青蛙值得嘲笑，他们理解青蛙为什么要那样想，他们甚至好心地帮青蛙想办法，让它跳出井去，看到真正的天，他们期待着青蛙发出由衷的感叹。只可惜，很多时候，“鸭子的标准”往往代替了孩子们真正的体验，教学中才有那么多的不如意。

“鸭子的标准”有时并不总是正确的标准，只是被众多的人奉为真理。比如《教师教学用书》，有时也是老师不能观照学生体验的羁绊，因为教师的潜意识中，一直是它说了算。

其实，真正走进儿童的世界，你会困惑地问自己：“孩子，让我拿什么来回答?”一位教师教学《丑小鸭》(人教版教材二年级下册)，一个孩子问：“鸭妈妈怎么会生出天鹅来?”一位教师教学《狼和小羊》(苏教版教材二年级上册)，他让孩子想办法救小羊，当有孩子说正好猎人来了，打死了狼，救了小羊时，另一个孩子站起来说：“猎人来了，虽然打死了狼，可是小羊照样活不成的，人也会吃羊的。”一位教师教学《坐井观天》，一个孩子不解地问：“青蛙怎么会想不到天比井口大呢？要知道，这是一口水井，人们总来打水，它难道不想一想，这些人是从哪儿来的?”

这是些多么切实的问题啊，学生不真正走进教材，怎能如此关注主人公的命运呢？他们同情丑小鸭，才会想到丑小鸭的命运之所以如此多难，正是因为生在鸭子的窝里，以至于当老师请孩子们想想当丑小鸭见到真正的妈妈时会说什么，有一个孩子竟冲口而出：“妈妈，您怎么那么粗心，把我生在鸭子的窝里!”它并没有因为境遇的改变而欣喜若狂，却为自己是白天鹅而遭遇的种种不公正而心痛！他们真正关注小羊的命运，关注程度超过了成人的想象：从现实中羊的命运想到了故事中的羊，他们的潜意识中，是不希望“人”这一自然界的主宰者来救羊的。他们还为青蛙鸣不平，它不可能那样无知，把它说成那个样子，对青蛙来说是不公平的!

看，成人的理论不堪一击!“鸭子的标准”时时受到挑战!

捷克作家米兰·昆德拉在小说《生命不能承受之轻》中说：“《创世纪》是人写的，不是马写的，上帝是否真的赐人以统辖万物的威权，并不是确定无疑的!”那么可不可以说，教材的蕴意是成人定的，不是儿童定的，成人的想法是否是真理，也不是确定无疑的！“儿童既没有成人面对自然界的妄自尊大，也没有成人面对人类自身的那么多偏见。相反，儿童将自己旺盛的生命力化作同情，分赠给世界万物。在儿童的宽容心面前，成人苦心经营的等级制度往往会顷刻瓦解。”

苦守“鸭子的标准”的结果，是教学生命的无力，教学灵感的枯竭，学生学习生活的少有情趣。事实上，少一些教训，多一点灵动，教学才会有生机，学习才会有趣味。想起两个教学案例，颇令人深思，不用费力也能品出其中的苦涩滋味，因为当时评课的人判决了这个环节是失败的。

案例1：《咕咚》（人教版教材一年级下册）教学片段

学完了课文，老师请孩子们想："当真相大白后，动物们会说些什么呢？"他期待着孩子们领悟到遇事要冷静、不盲从等人生哲理，却没想到孩子们会这样说——

生：兔子松了一口气，笑着说："哇，好你个大木瓜，吓死我了！"

生：猴子一下子爬到树上，摘下一个大木瓜，往水里一扔，大叫："咕咚来了，快跑啊！"

生：小鹿说："今天的事真好玩，我要去告诉妈妈。"

生：野牛看了看大象，笑着说："这么大的身体，却被木瓜吓跑了，真有意思！"

听到这里，老师的面孔怎好板起来呢？生活中的情趣，孩子们感悟得多好啊！何况经历了这场突发事件的动物们也是你看看我，我看看你，都笑了，这种情况下，怎会有深刻的反省呢？

案例2：《捞月亮》（人教版旧版教材二年级上册）教学片段

学习完《捞月亮》一课，老师对孩子们说："当猴子们回到树上，聚在一起，他们会说什么呢？"孩子们的说法更是出人意料，以下撷取最具代表性的一组对话——

大猴子对小猴子说："看你这孩子，弄不清事情就瞎嚷嚷，害得大家白费了力气。"小猴子还不服气，说："大家不是都这么说吗？怎么单是我的错？"老猴子说："别吵了，多亏不是真的，要不可就惨了。再说，大家都是着急，没想那么多。"

除了争吵、埋怨，还会说什么呢！除了庆幸还会说什么呢？这是生活教给孩子们的，他们绝对想不出"我们大家要吸取教训，不能盲目地做事"，谁有资格说呢？即使是老猴子！谁会说出这样教训性的话语呢？恐怕只有老师，如果他是按照"鸭子的标准"。

在一次全国阅读教学观摩与交流活动中，一位教师执教《少年闰土》一课。我认真记录了一个引人深思的教学片段：

师：用较快的速度读课文，再体会闰土是个怎样的孩子。（生读书感悟后，汇报）

生：闰土是个善于发现的孩子，因为……

生：闰土是个快乐的孩子，因为……

生：闰土是个见多识广的孩子，因为……

生：闰土是个既贫穷又不贫穷的孩子，因为……

师：（板书：知识丰富）这样说，闰土在生活上是贫穷的，在知识上却是丰富的，“我”的知识就是贫乏的。

生：“我”也知识丰富，“我”知道城市里的事情，只是不知道闰土知道的事情。

师：有人认为“我”知识丰富，有人认为“我”知识贫乏，到底是知识丰富还是知识贫乏，我们课后可以继续讨论。

“‘我’也知识丰富”这话，出自于一个孩子之口，四座皆惊，无异于说了一句“皇帝没有穿衣服”的真言。“我们课后可以继续讨论”这话，出自于一个教师之口，却让人为之汗颜，看似巧妙，实际上正是暴露了教师对教材理解的因循守旧，她也许不认为这是一个值得探讨的问题，也许还不敢触摸这个突兀的话题。似乎只有“我”的无知才能衬托闰土的知识丰富（“知识丰富”其实也是值得探讨的，只能说闰土生活积累丰富），如果“我”也是知识丰富的，那闰土呢？目光锁定在这个思路上，怎能自圆其说呢？

即使略过这个话题，读书探究闰土是个怎样的孩子时，也应注意到下面这些并不隐晦的句子和字眼，而不应只停留在闰土是个善于发现、快乐、见多识广的孩子的表象中。

① 我认识他时，也不过十多岁，离现在将有三十年了，那时我的父亲还在世，家景也好，我正是一个少爷。那一年……我家只有一个忙月，忙不过来，他便对父亲说，可以叫他的儿子闰土来管祭器的。

② 好容易到了年末，有一日，母亲告诉我，闰土来了，我便飞跑地去看。他正在厨房里……他见人很怕羞，只是不怕我，没有旁人的时候，便和我说话，于是不到半日，我们便熟识了。

③ 晚上我和爹管西瓜去，你也去。

④ 可惜正月过去了，闰土须回家里去，我急得大哭，他也躲到厨房里，哭着不肯出门……

况且书的插图中也能看见，“我”身穿棉袍，脚穿棉鞋，闰土呢，一身单薄破旧的棉衣，光脚穿着草鞋，肩扛衣物，立在纷飞的雪中……认真读了这些，看了插图，孩子们还会感受到闰土的快乐吗？一个穷忙月的儿子，虽受父母疼爱，但小小的年纪就开始了劳作，看瓜，管祭器，即使是在孩子们盼望的大年正月！活动的地点呢，是人家的厨房！捕鸟雀，看跳鱼，拾贝壳，几乎是他童年全部的欢乐，甚至能看到城里的东西，也很知足了。如果体会不到这些，怎能算了解闰土？

从这个意义上讲，在我们转变观念让孩子们自由说出自己的感悟，提倡童言无忌的同时，也要清醒地认识到“童言可畏”！因为他们说的往往不是“鸭子的标准”！

《酸的和甜的》的教学如何走出狐狸的“狡猾”

尽管生活中的狐狸，许多人并不了解，但是在文学作品中，狐狸却是很受作家和孩子欢迎的角色，并且他们多以“狡猾”的形象出现。何止是狐狸，有多少动物在文学世界里，成了一些词语的代言人。我们常常听到老师这样开始他的教学：

“在你的印象中，狼（小羊、狐狸、小鹿、小猪）是什么样的动物?”于是，“凶狠”“善良”“狡猾”“美丽”“憨笨”就这样与这些动物联系在了一起。

这个先入为主的印象，的确曾经帮了我们教学的忙，在阅读教学中，学生以这样的固有经验参与进来，减小了理解内容的难度，增加了朗读的形象性。但是，这个先入为主的印象，却也为我们正确理解文本，带来了人为的障碍。人教版教材二年级上册《酸的和甜的》一文就是典型的例子。听课中，我多次看到这样的教学情境：

师：明明葡萄是甜的，为什么狐狸偏偏说是酸的呢？

生：狐狸很狡猾。

生：狐狸很坏，他吃不到葡萄，也不想让别人吃到。

生：我们不能听信狐狸的话。

《酸的和甜的》一文脱胎于伊索寓言《狐狸和葡萄》，这是显而易见的。

《狐狸和葡萄》（原文）

饥饿的狐狸看见葡萄架上挂着一串串晶莹剔透的葡萄，口水直流，想要摘下来吃，但又摘不到。看了一会儿，无可奈何地走了，他边走边安慰自己，说："这葡萄没有熟，肯定是酸的。"

《酸的和甜的》（课文）

开头：葡萄架下，有一只狐狸。他一会儿转来转去，一会儿跳起来摘葡萄，可是一颗也没摘到。于是他指着架上的葡萄，说："这葡萄是酸的，不能吃！"

结尾：小松鼠和小兔子真不明白，狐狸为什么硬说葡萄是酸的呢？

但是，我们不能不注意到，这篇脱胎于《狐狸和葡萄》的童话故事，它所要说的却是另外的故事：松鼠听了狐狸说葡萄酸的话，确信不疑，并告诉了同样确信的兔子。猴子听了松鼠和兔子说葡萄酸后，得知他们都没有尝过，就大口吃了起来。后来松鼠和兔子也尝了尝，才知道葡萄不是酸的，而是甜的。

在这里，狐狸是名副其实的配角，它的出现，仅仅是故事的引子。

那么，让"狐狸为什么硬说葡萄是酸的"一句话吸引住我们的目光，从而耗费大量的精力，就偏离了文本的主旨。《酸的和甜的》的教学如何走出狐狸的"狡猾"呢？

1. 巧妙对比，凸显形象

（学生读好了课文的2—6段后。）

师：同学们，同样是喜欢吃葡萄，同样听到别人说葡萄是酸的，可是小猴子与松鼠、兔子哪里不一样呢？谁发现了？

生：小兔子没有自己品尝，小猴子很聪明，他自己尝了一下才晓得葡萄是酸的还是甜的。

生：小猴子先问一下情况再品尝一下，才知道葡萄是酸的还是甜的。

师：你认真读书了。

生：小兔子和小松鼠只听别人的话，却没有自己尝，小猴子是既听了别人的话还认真尝试了。

师："尝试"这个词你用得特别好，发现了他们的不同，松鼠、兔子是听了别人的话，而小猴子要自己尝，是呀，这只小猴子与松鼠、兔子不同，他看到葡萄架上紫红色的葡萄，他要迫不及待地——

生：爬上葡萄架摘下一串就要往嘴里送。

师：这只小猴子与松鼠、兔子不同，听到别人的话，他要——

生：自己尝一尝。

师：这只小猴子与松鼠、兔子不同，他呀，问清了情况，他还要——

生：大口大口地吃起葡萄来。

狐狸所说“葡萄是酸的”一句话不仅是故事发生的起因，也是一块有关轻信盲从的试金石。

在学生读懂读好写松鼠、兔子和猴子的段落后，教师让学生稍停留了一下——请学生说说同样是想吃葡萄，同样听别人说葡萄是酸的，他们三个的做法有什么不同呢？通过对比，小松鼠、小兔子对别人的轻信凸显了猴子的形象：他不光听别人说，还要自己尝一尝！虽然只是对比，没有孰是孰非的思辨，却让学生在读书中学会思考，及时梳理了文本留在头脑中的形象，为下一步深入感悟，打下了良好的基础。

2. 轻轻带过，回归重点

师：见小猴子吃得这么开心，松鼠和兔子跟着吃了一颗，唉，才发现葡萄是如此的好吃，如此的香甜。吃到了甜甜的葡萄，我们真应该为他俩高兴，可是他俩却皱起了眉头，还有一件事没有搞清楚呢！是什么事呢？我们一起来读最后一个自然段。

（生读“小松鼠和小兔子真不明白，狐狸为什么硬说葡萄是酸的呢？”这句话。）

师：是呀，明明是甜甜的葡萄，狐狸为什么说是酸的呢，让我们带着小松鼠和小兔子，回到课文的第一自然段，一起来看看那只狐狸吧。我们一齐来读第一段，“葡萄架下——”

（生齐读课文第一自然段。）

师：孩子们，狐狸摘到了几颗葡萄？

生：一颗也没摘到。

师：哦，原来一颗也没摘到呀，所以它硬说——

生：葡萄是酸的。

师：来安慰安慰自己吧。小松鼠和兔子终于吃到了葡萄，也终于弄明白了问题，这时候他们站在葡萄架下又会说些什么呢？

生：会说以后我们应该向小猴子那样，先尝一下再说。

生：以后我们不能光听别人的话，要自己亲自体验。

生：他们两个肯定说：我们一定要向小猴子学习，聪明敢尝试。

生：小兔子会跟小松鼠说：明天我们把葡萄拿到狐狸家里去，给他尝一尝，看酸不酸！

生：我觉得我们以后不能这样了，问好了以后，还要亲自尝试。

生：他们会说有时候要听听别人的，有时候也要自己试一试。

师：你看他说得多清楚，“有时候……有时候……”

生：我们以后要学会尝试，不要被别人骗了。

生：小兔子会责怪小松鼠，别人的话你有时候要听，有时候就不要听。

在学生初步感悟的基础上，教师结合课文最后一段“狐狸为什么硬说葡萄是酸的呢”这一疑问，再回到第一段，引导学生读书体会狐狸是多么想吃到葡萄，只是他的努力白费了，自然点出狐狸的话无非是自我安慰罢了。之后没做纠缠，话题一转设置了对话情境：此时小松鼠和小兔子会说什么呢？因为明确了狐狸只是说给自己听的，并没有故意去骗谁，对话的焦点就集中在松鼠和兔子身上，所以学生的感悟就直逼课文的主旨，就有了深度（虽然还有相互的埋怨和迁怒于狐狸，毕竟是看到了自身的问题），而这样的感悟对二年级孩子来说，是难能可贵的！

3. 拓展阅读，加深感悟

师：《酸的和甜的》这个故事有趣吗？

生：有趣！

师：我还给同学们带来了两个故事，也很有趣，一个故事的名字叫

《小马过河》，一个故事的名字叫《咕咚》，快来读读吧，说不定你还有有趣的发现呢！

（生读两个故事。）

师：与《酸的和甜的》相比，你有什么有趣的发现吗？

生：我发现了，《小马过河》也是说不能光听别人说，自己要试一试。

师：什么事要试一试？

生：河水是深是浅这件事。

师：你的发现很了不起！

生：我发现，《咕咚》中的野牛就像小猴子一样，看到大家都跑，他要问一问是怎么回事，才发现咕咚不是可怕的东西，只是木瓜掉到水里的声音。

师：你找到了小猴子和野牛相同的地方，一定是边读边思考了。

生：狐狸、小鹿他们听见小兔说咕咚来了，就跑，它们很像《酸的和甜的》中的小松鼠和小兔子。

师：你们真会发现，看来，不光是吃葡萄，做什么事也不能光听别人的，还要自己动脑筋，亲自尝试一下！有兴趣的同学，可以把今天我们读的三个故事读给爸爸妈妈听，看看他们有什么发现！

拓展阅读，并不是鲜见的做法。这个教学片段则向我们展示了对比阅读的魅力：在阅读中，学生将读、思、说融为一体，通过故事、人物的对比，对课文的内涵理解得更加深入，还打开了视野——故事内容虽然各异，但却有着同样的内涵，使他们由一事一物看到几事几物，从而领会到凡事不能光听别人说的道理。

这个课例，让我们清晰地看到，教学要走出狐狸的“狡猾”，就必须走出我们惯常的思维定式。而走出思维定式，不仅有利于正确地解读文本，也有利于我们不被“狐狸为什么偏偏说是酸的呢”这样的话所迷惑，从而走出教学的误区。

走向精彩的课堂

有时候实在不需要问想什么，不想什么却做出了什么，这样的本色出演，才是真境界，才是高境界！

仔细推敲

——在教学中致力于语言文字的运用

老师上人教版教材二年级下册《画家和牧童》一课。

课文中有这样的句子："他一会儿浓墨涂抹，一会儿轻笔细描，很快就画成了。"读到这一句的时候，老师说："谁能用'一会儿……一会儿……'说一句话?"

"我一会儿唱歌，一会儿跳舞。"

"我一会儿做作业，一会儿吃东西。"

都是寻常听过的，没有什么新奇的。老师还在找小孩儿造句，"神回答"就在这时出现了：

"我一会儿拉屎，一会儿尿尿。"一个小男孩大大方方地说。

全场听课的老师都笑了。上课的老师也笑了，说："你吃坏肚子了吧?"

为什么要用"一会儿……一会儿……"说话呢？仅仅因为教材的课后思考题中有这样的提示，就要在读课文过程中，不折不扣地执行吗?

"一会儿……一会儿……"表达的是什么呢?

"他一会儿浓墨涂抹，一会儿轻笔细描，很快就画成了。"表现的是画家画画的娴熟——那样轻松，那样优雅；

"一群大雁往南飞，一会儿排成个'一'字，一会儿排成个'人'字。"描写的是大雁飞行的姿态——那样整齐，那样自由；

"我奋力向峰顶爬去，一会儿攀着铁链上，一会儿手脚并用向上爬，像小猴子一样……"表达的是女孩登山的艰难——那样用力，那样坚持；

“这地方的火烧云变化极多，一会儿红彤彤的，一会儿金灿灿的，一会儿半紫半黄，一会儿半灰半百合色。”说的火烧云颜色的变化——那样迅速，那样丰富。

“一会儿……一会儿……”什么时候用到呢？

做一件事情的时候。比如画家画画的时候，会用到不同的技法，比如大雁飞行的时候，会有不同的姿态，比如女孩爬山的时候，会用不同的动作，比如火烧云在天上的时候，会有不同的颜色变化……

这才是“一会儿……一会儿……”的真意。

回过头来看小孩儿的造句，个个都可算“神回答”了。

为什么会有这样的回答呢？我以为，一是教师不解句子的真正意思，二是机械地练习，学生就只有不着边际地为用上词语而造句了。

致力于语言文字的运用，小到学习一个词、一个句子，也要仔细推敲在教学中如何做到自然。

我喜欢人教版教材二年级下册《三个儿子》一课教学过程中，对“既……又……”句子的学习和运用。

一个妈妈说：“我的儿子既聪明又有力气，谁也比不过他。”

老师说：“儿子在妈妈眼里，有几个优点？（生：两个，聪明、有力气。）两个优点用一句话来说，就可以这样说：既……又……。”

这个妈妈说：“有什么可说的，他没有什么特别的地方。”

老师说：“没有什么特别的地方，是说他怎么样？（不像前两个妈妈的儿子那样聪明，有力气，有好嗓子，会唱歌……）那可以说他——既……又……（既不聪明又没有力气；既不聪明又不会唱歌；既没有力气又没有好嗓子……）哦，真的没有什么特别的地方，太普通的一个孩子。”

“三个儿子？”老爷爷说，“不对吧，我可只看见一个儿子。”

老师说：“你们知道老爷爷看到的是哪个儿子吗？为什么看到了他呢？（他很孝顺，他很体贴，他很有力气，他很懂事，他很心疼妈妈，他……）看来这个妈妈眼里不特别的孩子，是既……又……的孩子？（既孝顺又体贴的孩子；既懂事又有力气的孩子……）”

我还喜欢人教版教材二年级下册《画家和牧童》一课教学中，教师引导学生对“称赞、赞扬、夸赞”三个词语的学习和运用。

开头复习词语，老师把“称赞、赞扬、夸赞”放到一组，让学生发现它们的特点：三个词不同，却都是夸的意思。

接着读课文，读到有三个词语的几段：

传说有一次戴嵩的好朋友请他作画。画什么呢？戴嵩沉思片刻，决定画一幅《斗牛图》。他一会儿浓墨涂抹，一会儿轻笔细描，很快就画成了。围观的人看了，纷纷夸赞。

“画得太像了，画得太像了，这真是绝妙之作。”一位商人称赞道。

“画活了，画活了，只有神笔才能画出这样的画！”一位教书先生赞扬道。

老师说：“我们刚才读词语的时候，大家都说‘夸赞、称赞、赞扬’都是夸的意思，我们在文中都用‘夸赞’或者‘称赞’好不好？”学生读了以后说：“不好，这样就重复了。”老师说：“同样的意思，为了让人读起来不重复，可以用意思相近的不同的词，读起来就好听多了。”

课文读完了，老师说：“听了戴嵩和牧童的对话，看了戴嵩的表现，你们想想周围的人又会说什么呢？”学生七嘴八舌地说开了，有的表扬牧童的大胆，有的夸奖戴嵩的谦虚，有的说牧童观察得真仔细，有的说戴嵩说话真和蔼……老师说：“不管是说到戴嵩，还是说到牧童，都是夸奖啊！你能把大家的话写出来吗？”

听了戴嵩和牧童的对话，周围的人纷纷议论起来。

“____________________” ____________夸赞道。

“____________________” ____________称赞道。

“____________________” ____________赞扬道。

从文本中来，到文本中去，既不破坏文章的整体感，又增加了文章的美感。这样的语言文字的训练，是我们要努力探索和研究的。

青蛙跳出井口来

——对《坐井观天》教学的反思

《坐井观天》是语文教材的固定篇目，换了几次教材，都没人舍得换下这个故事。现在这篇文章还在人教版教材二年级上册里面。我想起许多关于这篇课文的教学往事，记忆深刻的有三个。

一、从一个纸筒到一个问题

《坐井观天》是个寓言故事，寓言故事是讲道理的，就像这个故事，讲的是如果一个人目光短浅，眼界狭小，见识就会有限。怎么让学生懂得这个道理呢？最初我看到的教学，尤其是公开课，总是见老师让学生准备一张纸，当讲到明白了什么道理时，学生说不出来，老师就让学生把纸卷成一个小筒形，让他们透过小筒看黑板，问看到了什么？学生就说看到了一小块圆圆的黑板。老师这时就总结说："你们看，青蛙坐在井里，它透过深深的井看天，就像你们透过纸筒看黑板，当然只能看到井口那么大的天了，因为井壁挡住了青蛙的视线。现在用这个词语比喻人目光短浅，眼界狭小，见识就会有限。所以人们还管这样的人叫'井底之蛙'。"听起来讲得蛮清楚的。

那时候学生总是嘲笑青蛙，像小鸟一样的笑，他们以为小鸟在笑话青蛙，老师任由他们把青蛙看成一个可笑的家伙。

后来再上课就见不到纸筒了，当然肯定还有人在用，可是我也肯定没看到。有一天和一个老师一起研究这一课，就想：如果老师不讲，学生自己对寓意能有所领悟吗？我开始和她一问一答，我来问，她来答。

问：小鸟为什么笑？

答：第一个笑是小鸟觉得青蛙说天只有井口大这个事挺有意思；第二个笑是小鸟不想争论下去了，答案明摆着，可是青蛙就不信，它觉得很好笑。

问：那么，不是小鸟嘲笑青蛙了？

答：不是，读读小鸟的话就知道，它是耐心地告诉青蛙，没有一丝嘲笑的意思。

问：我们的小孩子知道谁说得对吗？青蛙和小鸟？

答：当然知道是小鸟说得对。

问：他们怎么知道小鸟说得对呢？

答：明摆着，他们就在蓝天下生活，知道天是无边无际的。

问：那青蛙为什么说天只有井口那么大呢？

答：因为青蛙天天坐在井里，从来没有跳出井来，它只能看到井口挡不住的那块天，其他地方看不见。小鸟不是说了吗？“不信你跳出来看看吧”，这就是问题的关键。

一问一答中，恍然间有了灵感，这个道理一个问题不就能解决吗？所以在上课的时候，我就让学生判断青蛙和小鸟到底谁说得对，然后问：天无边无际，小鸟知道，你知道，他知道，我也知道，青蛙怎么会不知道呢？小孩子精灵得很，他们很快就找到了答案。

从一个纸筒到一个问题，仿佛都是为了解决故事的寓意，其实不然。前者是讲解，依靠的是外在的帮助，后者是启发，发掘的是孩子的经验，留意的是字里行间，途径不同，结果更不一样。教师告诉的寓意深刻完整，有几个孩子能懂？孩子自己领悟到的，虽然浅显，却真真切切，实实在在。一个道理，多少年才明白。

二、让青蛙跳出井来

小鸟尽管提示青蛙跳出井来看看，上课的老师却从没有让青蛙跳出井来。

一次教学能手比赛，一个小个子的农村男教师教学《坐井观天》一文，讲到最后，他把井里的青蛙贴图，一下子就拎到了井外。他说：“有一天青蛙跳出了井口，你们猜，他看到了什么？他会想什么说什么？”

这下子可炸了锅！小孩子让青蛙大大地开了眼界，然后他们让青蛙自己害羞了，说：“原来天真像小鸟说的一样，无边无际啊，我早跳出井口来，也不会闹了这个笑话！”

我记住了那个老师的名字：高振铎。如果我不是井底之蛙，我敢说是他第一个提出让青蛙跳出井来，也让听课的老师跳出井来，从此掀开了阅读教学新的一页——想象说话。

这个天才的创意，在新课标的语文教材上，最终得到了击掌通过。这一课的后面，有一个黄色的泡泡，泡泡里面写着：青蛙如果跳出井口会看到什么，会说些什么？

这一天距离青蛙第一次跳出井口，足足隔了十几年。十几年，我们只对这一篇课文做了一件事，让它有一个想象的尾巴，让青蛙跳出井来。

三、读出对课文的理解

教学这一篇课文的时候，有一个阶段流行简笔画，不管是画得好，还是画得差，老师都在黑板上画出一口井，井口贴着小鸟，井底贴着青蛙。除了确定它们之间对话的地点，还主要理解一个词：井沿。我说的是城市老师，他们知道这些城里的孩子既没有看到过井，也没有看到过井沿。农村的老师大概不必。

这篇课文以对话的形式构文，读好课文是一个主要任务。我记得三个关于朗读的细节：一是读出小鸟和青蛙的距离——小鸟和青蛙隔着深井，即使不深对它们来说也不近，所以要读出这个感觉，比如说，读青蛙的话就要想象它仰着头，声音还得大；二是要读出几处关于“弄错”的句子：你弄错了——我不会弄错的——你是弄错了，联系上下文读出彼此的自信和肯定；三是青蛙说的一句话里的两个“那么”，青蛙说“天不过井口那么大，还用飞那么远吗”，“那么大”极言天小，“那么远”极言夸张，不能都拖着长声读“那么”。

读好了这些，整个故事就读得很带劲儿，两个小动物不知不觉地活了，仿佛它们就在你的眼前，开始这一场名扬千古的对话。

如何训练学生的随文说写

——从“我想对贝蒂说几句话”想到的

《燕子专列》是人教版教材三年级下册第二组的一篇课文。课文写了一年春天，成千上万只燕子从南方飞回北方时，在瑞士境内遇到了气温骤降，饥寒交迫的燕子濒临死亡，瑞士政府呼吁人们寻找燕子，决定用火车把这些燕子送到温暖的地方去。贝蒂是其中寻找燕子的一个小姑娘。全文四百多字，写贝蒂和其父母寻找燕子的文字单独有一段，如下：

“一个叫贝蒂的小姑娘，听到广播后，和爸爸妈妈一起，在覆盖着皑皑白雪的山间岩缝里，寻找冻僵的燕子。一天下来，她一个人就救护了十几只燕子。她的脸冻得通红，手冻得僵硬，但她一点也不在乎。”

教材的课后思考题三就跟小姑娘贝蒂有关：我想对贝蒂说几句话，再写下来。

教学中的问题也就出现在这里了。

当学生读完这段课文后，老师把课文的插图出示在屏幕上，然后说：“同学们，你想对贝蒂说什么呢？”她让学生想一想，然后指名来回答。有的说：“贝蒂，你真是爱护动物的好孩子。”有的说：“贝蒂，你不怕寒冷救燕子，真勇敢！”有的说：“贝蒂，你真了不起，一个人就救护了十几只燕子。”有的说：“贝蒂，你自己冻着了不在乎，却在乎小燕子的生命安全，你真善良！”内容虽略有不同，有一点却惊人的相似，那就是每一个学生就说一句话，完全不是课后思考题预设的“几句话”。

三年级的学生，随文说写只有一句话，问题到底出在什么地方呢？

我们暂时不思考这个问题，先设身处地地想：如果让老师说，会说什么呢？结果老师们纷纷说："孩子们说得已经很尽力了，对贝蒂了解只有这么多，我们也再想不起来说什么了。"这就是问题。编者设计这个思考题的意图非常明显：让教师引导学生通过这个说写练习，一是体会人们对燕子的爱护，二是培养交流读书感受的能力，因为有这样一个具体的交流对象，交流起来更有针对性，也更具亲切感。乍一看，让学生跟与自己年龄相仿的孩子对话，会很容易，所以很多老师都重视这个课后思考题，在教学中安排合适的时间，引导学生说写。结果显然没有达到预期的目的。

随文说写是语文教学的传统经验，好的随文说写不仅能深化学生对课文的感悟，而且能有效培养学生的说写能力，使语文教学的工具性和人文性达到和谐统一。

如果不对贝蒂说，那么该在这篇课文的教学中，设计怎样的说写训练呢？通过反复读文可以发现，课文中是有这样的空间的，可以自然生发出说写的话题，具体说有两个地方可以考虑。

一是课文第二、三段中的一些文字应该引起我们注意："瑞士政府知道了这个情况，决定用火车把这些燕子送到温暖的地方。于是，政府通过电视和广播呼吁人们立即行动起来，寻找燕子，把它们送到火车站。"究竟电视和广播是怎样呼吁的，是值得思考的。二是课文的结尾一句："燕子在车厢里叽叽喳喳，仿佛在向人类致谢。"燕子究竟会怎样向人类致谢，是值得想象的。

两个话题孰优孰劣呢？经过讨论，大家都认为这两个话题视野都是开阔的，前一个话题留意到"政府"一词，后一个话题凸显了"人类"一词，毕竟比局限在一个人的身上更切合课文的原意；两个话题从内容上看，都关注了人与动物的关系，前一个说现实，后一个写想象，各有千秋。那么更进一步想，哪个话题更容易有话可说呢？

当思考聚焦在这里的时候，大家一致认为后一个话题还是一句话练习，燕子除了感谢还能说什么呢？前一个话题更好，原因有三：首先，这个话题能让学生理解“呼吁”一词，它是这篇文章中出现的生词，学生第一次接触到，“呼吁”在本文中的意思是政府向瑞士人民申述燕子的情况，希望得到同情和支持，从这个词中透露出来的对燕子的关心是非常真切的。其次，有话可说，一篇电视稿、广播稿不是一句话就可以说清楚的，既要向人们说明燕子此时此刻的境况——比如它们的疲劳、饥寒交迫、面临的死亡威胁，又要说明政府的具体打算——比如决定用火车把这些燕子送到温暖的地方，还要呼吁人们行动起来，安排具体事宜——比如把找到的燕子送到火车站。再次，这个说写练习把学生的视线转移到全国全民的行动中去，故事背景的宏阔展现出来了，学生就不会只重视几个人的行动，把故事读小了。

经过这样的研究思考，我们重新上这一课，让学生想象电视稿或广播稿是怎样写的，他们写道：

“各位居民朋友们，现在播送一个紧急新闻：春天到了，成千上万的小燕子从南方飞往北方，可是它们在我国境内遇到了麻烦。这几天气温骤降，风雪不止，几乎所有的昆虫都被冻死了，燕子们经过长途跋涉，已经非常疲劳，再加上找不到食物，饥寒交迫，濒临死亡。我们能眼看着它们就这样在美好的春天里死去吗？不，我们要救救这些可爱的燕子，我国政府决定，用火车把这些燕子送到温暖的地方。请有爱心的人们行动起来，寻找冻僵的燕子，把它们送到火车站。燕子一定会记住你们的！”

看着学生写出来的稿子，我们发现，他们的所有信息都来自课文，等于把课文内容重新组合了一遍，叙述完整，条理清楚，完全超出了我们的想象。这个教学实例让我们每个人都有所领悟：随文说写训练不仅要立足文本，更要真正读懂教材，考虑学生，选择合适的路径。

勿以善小而不为

——语文教学要关注“小节”

“勿以善小而不为”，是大家都熟知的话，虽是“善小”，却见微知著。然而世人多好大，不重视“小”已是很久的事了。仅仅从语文课堂教学来看，就有不少小的现象，透过它们，我们能看出许多问题，而这些问题恐怕是我们应该正视的，也是能从中做大文章的。

一、 小细节

（人教版教材二年级下册《画家和牧童》一课教学片段。）

师：（屏幕出示：听了画家和牧童的对话，人群中又是一阵赞叹声，有的说________，有的说________，有的说________）你知道他们会说什么吗？

生：大画家真是太谦虚了，能向一个小牧童请教！

生：小牧童真了不起，敢向一个大画家提出自己的看法。

生：大画家，你以后可要细心观察啊，再让牧童给你指出错误，多没有面子啊！

生：大画家也会出错啊！

生：我们光顾说画好，可是谁也没有发现画的毛病啊！

师：大家说的都很好！请把你说的写下来。

【反思】

如果我们不留心，是不太容易发现这个小细节的问题的。什么问题呢？我们注意屏幕出示的一句话——“人群中又是一阵赞叹声”，读读学生补充说的句子，都是赞叹吗？如果说前两个学生说的是赞叹的话，那么后几个学生说的，离赞叹就很远了。可是老师却说“大家说的都很好”，到底好在哪里呢？连什么是赞叹都搞不明白，何谈其好！

另外，为什么人们听了画家和牧童的话，要发出赞叹声呢？其实，这只是老师一厢情愿的想法。从学生的发言看，人们有赞叹，有感慨，有反思，甚至有点惭愧，这才是最正常的反应啊！为什么偏偏要赞叹呢？如果把“人群中又是一阵赞叹声”改成“人们纷纷议论起来”，就会顺理成章地打开学生的思路，使之从不同角度表达自己的感受了。

看起来仅是一个词、一个句子的问题，实际上，教师对语言随意的态度，对学生虚伪的关注就在其中了。

二、 小环节

（人教版教材四年级下册《普罗米修斯》教学片段。）

师：同学们想不想把这个故事讲下来？

生：想！

师：那就开始练习讲一讲吧！可以几个人一起讲，也可以自己讲。

（学生练习一会儿后。）

师：现在谁来讲一讲？

（一生讲得不流畅，有卡壳的地方，语病较多，自己的话多。）

师：你太紧张，所以讲不好。谁能讲好？

（另一生讲故事，比第一个学生讲得要流利。）

师：讲得不错！

【反思】

看到这个教学片段，我们不仅要问几个问题：为什么要讲述这个故事？以什么标准界定这个故事讲得“好”或“不好”？教师请学生来讲故事，只是要找到讲得好的学生吗？……当然，如果真的问下去，肯定不止这几个问题。我们仅就这几个问题来追问答案，就会发现，看似注重学生语言积累的教学设计，实际上只是虚晃一枪，并没有真正发挥效力。

要真正发挥这个教学环节的效度，最起码，应该引导学生回顾课文的脉络，以便讲的时候能有条理；最起码，应该对讲故事提出明确的要求，要注意把人物分清楚，把人物重要的语言讲流畅；最起码，应该关注语文学习中最重要的语言，提出诸如要尽量用上“无边的黑暗、驱寒取暖、饶恕、气急败坏、风吹雨淋、挽弓搭箭”等词语这样的要求。这才是对学生切实的帮助和真正的指导。另外，学生在讲述有困难时，要的不是老师无情的舍弃，而是温情的对症的指导。

三、 小插曲

（人教版教材二年级上册《从现在开始》教学片段。）

师：同学们，现在你们都是小动物。看来，袋鼠大王命令让跳着走路，你们都很痛苦，都不高兴，是这样吗？

生：是！

生：不是，我不痛苦，我高兴！

师：（一愣）你高兴？你是——谁？

生：我是小兔子！

生：（笑着说）我也高兴，我是小青蛙！

生：（笑着说）我也高兴，我是小袋鼠！

师：哦，原来还真有高兴的。那么，猴子当大王又会怎样呢？

【反思】

学生的这个不同寻常的回答，像浪花打破大海的平静一样，也打破了课堂的平静，为沉闷的课堂吹来了一股清新的风。可惜的是，在老师看来，这却是一阵不速之风。创新的嫩芽遇到的是遍生荆棘的土地，我们为这几个有自己体验的学生悲哀！

在骨干教师培训班上，我给听课的老师讲了这个片段，并请他们设想：假如你就是这个老师，你会怎么做？他们新鲜的做法让我为之一振：懂得欣赏的音乐家，是能听到这个小插曲中跳跃着的美妙的音符的，用心和学生对话的老师，也从中欣喜地看到了课堂中的生命力所在——他们一方面对学生的感受表示欣赏，让他们尽情地说出自己的想法，另一方面引导学生懂得：一个大王，他所做的事如果只是让少数人开心，那就是一个不称职的大王。况且，袋鼠大王在做决定的时候，也根本没有考虑到小兔子、小青蛙、小袋鼠……的感受，说明，他更是一个心中只有自己的大王。而这样的大王，是不得人心的。

四、小词语

（人教版教材二年级下册《画家和牧童》教学片段。）

生：（读）"'画错啦，画错啦！'一个牧童挤进来喊着。这声音好像炸雷一样，大家一下子都呆住了。"

师：他读得怎么样？谁来评一评？

生：他读得声音太小了，不像炸雷。

师：炸雷，声音当然大了，谁大声地读一读？

生：（读）"画错啦，画错啦！……"

师："这声音好像炸雷一样"——请同学们再读一读！

生：（读）"画错啦，画错啦！"（声音很大）

【反思】

如果对“炸雷”一词仅做这样的解释，我想课文没必要写“一个牧童挤进来喊着”。读得声音大一点无可厚非，问题是对“炸雷”的理解。我们有必要看看前文：

……围观的人看了，纷纷夸赞。

“画得太像了，画得太像了，这真是绝妙之作！”一位商人称赞道。

“画活了，画活了，只有神笔才能画出这样的画！”一位教书先生赞扬道。

“画错啦，画错啦！”一个牧童挤进来喊着。这声音好像炸雷一样，大家一下子都呆住了。

牧童的话是在大家一致称赞的情况下说的，是极不和谐的声音，是大家意料之外的。这话对于人们来说，就如晴天霹雳——大画家如此高超的技艺，人们是由衷地称赞，溢美之词已嫌不够，何错之有？何况这话又出自一个和艺术无缘的牧童之口，怎不使人们目瞪口呆！

可见，这“炸雷”在文中绝不是指声音的惊天动地，而是指在人们心里掀起的震动！如果教学中对词语做如此肤浅之解，我们的语文怕从此不“语”了。

当然，如果我们的目光真的在“小”上停留，还会发现诸如“小问题”“小错误”等好多小现象。许多课，看起来似乎没有多大的区别，教学的大方向好像也都不错，却因为一些小节而大相径庭。因为从小节中，我们看到的是教师教学思想的不同，教学理念的各异，而这些，是决定教学生命最关键的因素。所以，教师应该做的，不是“不拘小节”，而是重视“小节”，完善“小节”，让一个一个的“善小”反射出先进的教学理念的光辉。

“花落了结个大倭瓜”

——由刘姥姥的“现成本色”想到作文教学

刘姥姥何许人也？读过《红楼梦》的恐怕无人不知。“这刘姥姥乃是个久经世代的老寡妇，膝下又无子息，只靠两亩薄田度日。如今女婿接了养活，岂不愿意呢，遂一心一计，帮着女儿女婿过活。”不提女婿狗儿因这刘姥姥时来运转，单这刘姥姥在《史太君两宴大观园　金鸳鸯三宣牙牌令》中说的酒令，就颇耐人寻味。

我们先看看刘姥姥说的酒令：

下便该刘姥姥。刘姥姥道：“我们庄稼人闲了，也常会几个人弄这个，但不如说的这么好听。少不得我也试试。”众人都笑道：“容易说的，你只管说，不相干。”鸳鸯笑道：“左边‘四四’是个人。”刘姥姥听了，想了半日，说道：“是个庄稼人罢！”众人哄堂笑了。贾母笑道：“说的好，就是这样说。”刘姥姥也笑道：“我们庄稼人，不过是现成的本色，众位别笑。”鸳鸯道：“中间‘三四’绿配红。”刘姥姥道：“大火烧了毛毛虫。”众人笑道：“这是有的，还说你的本色。”鸳鸯笑道：“右边‘幺四’真好看。”刘姥姥道：“一个萝卜一头蒜。”众人又笑了。鸳鸯笑道：“凑成便是一枝花。”刘姥姥两只手比着，说道：“花儿落了结个大倭瓜。”众人大笑起来。

刘姥姥一句“现成的本色”，诠释了她说的酒令的内容，刘姥姥没有文化，所以只会说这些沾着泥土味的“庄稼话”。“庄稼人”“毛毛虫”“萝卜蒜”“大倭瓜”来源于她最熟悉的生活！

贾母是怎样说的呢？

鸳鸯道："有了一副了。左边是张'天'。"贾母道："头上有青天。"众人道："好。"鸳鸯道："当中是个'五与六'。"贾母道："六桥梅花香彻骨。"鸳鸯道："剩得一张'六与幺'。"贾母道："一轮红日出云霄。"鸳鸯道："凑成便是个'蓬头鬼'。"贾母道："这鬼抱住钟馗腿。"说完，大家笑说："妙极。"贾母饮了一杯。

曾是官宦世家的贵族小姐，现为显赫贾府的老祖宗，自然见识不一般，气势也不一般！这也是贾母"现成的本色"。

"现成的本色"虽是出自于刘姥姥这个乡村老妪之口，却实实在在地说明了一个道理：谁的语言都无法离开她（他）生存的环境，被不同生活浸润的语言自然是风格迥异，多姿多彩。试想，如果没有刘姥姥土气的酒令，大家满口都是文诗雅词，贾母的酒宴该怎样的黯然失色！

酒令如此，作文亦如此！

我读过一本由孩子口述、妈妈记录的一年级作文集《童言童趣》，第一篇是这样的：

9月1日

最最难忘的一天

今天上午下课的时候，没人跟我玩，我很孤独。我想找张雨，可张雨回班了。过了一会儿，我找高明天，高明天在跟别的孩子玩。过了一会儿，我上厕所，碰见了我姥姥院的曹志远。曹志远说："有谁打你告诉我。"还说："谁要打你我就打他。"他还告诉我，他要打那个人的腮帮子。我说："好吧。"然后我就去上厕所了。上厕所的时候碰见了李新元，李新元说："嘘，小声一点，这里有老鼠洞。"我数数一共有七个老鼠洞。

今天发生了这么多的事情，这些事情都是我最难忘的。这一天，是我最最难忘的一天。

这是刚入学的一年级学生的"现成的本色"。

我还听过一位教师盛赞其学生的《哥哥结婚记》一文，文中这样写道——

哥哥结婚娶嫂子，我把他们从订婚直到结婚我家花的钱做了记录，统计如下：

1. 彩礼：10000 元

2. 给女方的礼物（“三金”“两甩”加“一踹”）：8000 元

3. 家用电器（彩电、冰柜、洗衣机、DVD）：6500 元

4. 其他摆设（沙发、组合家具）：3000 元

5. 煤气灶、“四铺四盖”：2600 元

6. 新衣裳（冬夏各两套）：5000 元

……（原文列举 15 条，这里不一一引述）

总计折合人民币：42100 元

现在，哥哥嫂子住我家的新房，爸、妈和我住后院的老房子。为给哥哥结婚我家卖掉了 16 棵树和 63 只羊，花掉了所有的存款，但是没有欠债。完事后，爸爸心疼地说：“哈，好家伙，能买 25 头上好的骡子！孩子，你可得好好念书哇，咱可再娶不起了！”

这是一个农村小学生的“现成的本色”。

“现成的本色”，是鲜亮的生活，是不加掩饰的真情，而这些是最能打动人的心灵的。只可惜，翻开孩子们的作文，本色的影子已不多见，尤其是农村孩子，他们的作文里少有可爱的农村风景，少有琐碎甚至贫穷的农村生活。对于这些，是他们视而不见，还是羞于启齿？似乎都不是，是我们的作文教学出了毛病！恐怕我们教师对“现成本色”的态度，多是贾府那些太太、小姐、丫环的“笑”，学生又少刘姥姥那坦然自若的“胆”，遂掩了现成的本色，代之以人云亦云，或胡乱编造。

我佩服前面给孩子记录作文的妈妈，她尊重了孩子的现成的本色，使之常说不倦；我尤其敬重那个盛赞学生作文的教师，他从学生现成的本色里听到了“真情”的诉说。有了“现成的本色”作底，学生作文水平的提高，不是指日可待吗？

倾听词语开花的声音

——低年级阅读教学中要关注词语的力量

低年级阅读教学有一个重要的任务，就是指导学生在阅读中积累词语，使他们能结合上下文了解词句的意思。低年级的课文，内容虽然浅近，没有生僻的词语，但是，有些词语，却有着非常丰富的内涵，注意到了它们，会给低年级阅读教学带来意想不到的精彩，让我们清晰地听到词语开花的声音。

案例 1：让“感激”开口说话

人教版教材一年级上册的《小熊住山洞》是一篇连环画课文，图美文简是这篇课文的特点。小熊和他的爸爸想盖一座木头房子，却因为舍不得砍树，所以一直住在山洞里。课文的结尾处写道：“森林里的动物都很感激小熊一家，给他们送来一束束美丽的鲜花。”与这段文字相配的是动物们感激的笑脸，手中举起的一束束鲜花，和小熊父子俩略带羞涩的幸福憨态。

师：同学们，小熊一家没舍得砍树，一直住在山洞里，森林里的动物们都很感激他们，给他们送来了一束束鲜花。看看图，都有谁来了？

生：小鸟来了，小松鼠来了，小兔子也来了。

生：还有小鹿、野猪、野鸡来了。

师：啊，来了这么多啊。看看他们感激的笑脸，猜一猜，当他们把手里的鲜花送给小熊一家的时候，会说什么感激的话呢？

生：小鸟说：“谢谢你们不砍树，我们不会担心没有地方住了。”

生：小鹿说："谢谢你们，你们这么爱护树，就是爱我们大家的家啊！"

生：小兔子说："谢谢你们，你们真善良！"

生：松鼠说："谢谢你们，你们不砍树，我就有很多野果子吃了。"

生：野鸡说："谢谢你们，不砍伐树木，使森林这么美丽！"

……

师：我发现你们都明白"感激"的意思，所以都向小熊一家说谢谢！是啊，小熊一家，宁肯一辈子住潮湿的山洞，也不砍伐树木，给自己造一座漂亮的房子，就是因为他们爱护树木啊！森林里有了这么多的树木，才会有春天的绿叶，夏天的花朵，秋天的果实，冬天小鸟的温暖的家！有这样美好的环境，谁不感谢他们呢？被这么多人感谢，又是多么幸福的事情啊！

正是看到了"感激"一词所蕴含的人们对美好环境的喜爱，和对小熊父子二人的赞赏，所以教师没有让这个词语悄悄溜走，才出现了上面这个教学情境。在这个教学片段中，教师引导学生开口说感激的话，不仅是理解这个词语的必要，也有利于学生体会课文的内涵，一举两得，使语文的工具性和人文性得到了很好的统一。

案例 2：让"议论纷纷"议论纷纷

"议论纷纷"出现在人教版教材二年级上《从现在开始》一文中。当猫头鹰宣布大家都要像他一样，白天休息夜里做事时，"大家听了议论纷纷，可是又不得不服从命令，只好天天熬夜"。但是动物们究竟在议论什么，课文中没有说。弄清楚动物们议论什么，不仅可以理解议论纷纷的意思，而且，从动物们的口中，我们还可以找到猫头鹰最后没有当上大王的原因：尊重，是人与人相处的基本原则，不管是大王还是普通的百姓。而这，正是本文意蕴所在。让"议论纷纷"议论起来，就显得很有必要。我们看看下面这个教学片段。

师：猫头鹰的命令一发布，大家就议论纷纷，他们都会说什么呢？（指图）比如小兔子——

生：小兔子说："晚上出来，多害怕呀，再说，我习惯白天出来，晚上睡觉的。"

师：其他人说什么呢？

生：棕熊说："这是什么命令啊，我还是头一回听过。"

生：袋鼠说："是啊，是啊，狮子大王可从来没有这么要求过我们。"

生：斑马说："为什么一定要像他一样？晚上不让睡觉，谁熬得住啊？"

生：野鸡说："这下，我们可倒霉了，晚上出来飞，怎么能看得见东西呢？"

师：大家这样你说一句，我说一句，这就叫——

生：议论纷纷。

师：对！从你们刚才的发言中，我听出来了，猫头鹰的这个命令，大家可是不赞成啊！难怪要"议论纷纷"了。

从这个片段中我们不难发现，对议论纷纷，学生没有停留在表面的词意理解上，而是赋予了它实际的内容，而这一内容，又直指猫头鹰荒谬自私的命令。不需教师讲什么了，猫头鹰为什么不得人心，学生在议论过程中，已有所理解。

案例3："说"同样不可无视

教学中，我们对生词大多能够给予足够的重视，却常常会忽略一些熟词。由于无视它们的存在，给教学带来了不少缺憾。比如"谢""挂"（人教版教材二年级上册《我要的是葫芦》一文中，"花谢以后，藤上挂了几个小葫芦。"），都是熟词，"谢"体现出了花落的轻盈，"挂"体现出了小葫芦在藤上的摇曳，不注意到它们，就很难体会到词语呈现出来的美好意境。

"说"本是一个散落在字里行间随处可见的熟词，意思似乎一目了然，但是谁能想到，一个"说"字，竟使人教版教材二年级上册《小柳树和小枣树》一文光彩照人。

《小柳树和小枣树》教学片段：

生：（读）小柳树看看自己，什么也没结。她想：从前，我总是说枣树不好看，这回她该说我啦！

师：请同学们再读一读这句话，想想句子中的“说”字，是说话的意思吗？

生：不是，是笑话的意思。

生：是嘲笑的意思。

师：说得对！小柳树是怎样“说”小枣树的？你能再读一读吗？

生：（读）喂，小枣树，你的树枝多难看哪！你看我，多漂亮！

生：（读）喂，小枣树，你怎么不长叶子呀？你看我，多漂亮！

师：我听出小柳树笑话小枣树的意思了。难怪，当她看到小枣树结枣子时，会想到小枣树该“说”她啦。那么按着小柳树的想法，她以为小枣树会怎样“说”她呢？

生：喂，小柳树，你怎么不结果子啊？你看我，结的枣子多大多红多好吃！

生：喂，小柳树，你光长叶子有什么用啊，你看我，还会结枣子呢！

师：的确是在说小柳树，笑话她不会结果子。那实际上，小枣树是怎么说的呢？我们来读一读。

生：（读）你虽然不会结枣子，可是一到春天，你就发芽长叶，比我绿得早；到了秋天，你比我落叶晚。再说，你长得也比我快，等你长大了，人们在树阴下乘凉，那有多好啊！

师：这是在“说”小柳树吗？我怎么没听出笑话的意思啊？

生：不是“说”，是夸奖呢！

生：是在安慰小柳树呢！

师：谁来再读读小枣树的话？其余的同学都是小柳树，注意听小枣树的话，想想你听了这样的话，心里是什么感觉。

生：我感到很高兴。

生：我很愿意听这样的话。

生：我觉得小枣树真好！

师：是啊，多好的小枣树啊，总是能正确地看待自己和别人。自己被小柳树嘲笑，却还夸她，安慰她，心胸多宽广啊！爱说别人的小柳树，听了小枣树的话，该多难为情啊，难怪小柳树不好意思地笑了。

一个“说”字，不仅连接起了全文的内容，而且彰显了课文的意蕴，何其平常，又何其神奇的字啊！

我们常常说，情感文章的意蕴，都藏在字里行间。而这字里行间的或陌生或熟悉的词语，如果我们能注意到它们，看到它们可以生发的潜力，并且给它们足够生长的空间，是真的可以开出色彩斑斓的语言之花的！

一字一句总关情

——引导学生体会课文是如何表情达意的

在阅读中引导学生“体会课文中关键词句表达情意的作用”，是语文课程标准提出的阅读目标，教科书如人教版教材中的提示语，在这方面有很明确的导引。有引导学生体会词语的表达效果的提示语，如三年级下册《荷花》一文中“‘冒’用得真好”，三年级下册《争吵》一文中“这里的‘挨’字用得真好”；有引导学生体会句子的表达效果的提示语，如三年级上册《赵州桥》一文中“这句话这样写，好在哪儿呢?”等。在实际教学中，教师让学生体会词句“好在哪儿”是常见的做法，但是我发现，“好在哪儿”是这样一个没有想象和空间的词语，它常常让老师的教学，走到纯粹的词句推敲当中去，常常把学生的回答，变成一个标签式的词语，以至于这一目标的落实并不尽如人意。下面的教学案例，可见一斑。

案例 1：鲜嫩的笋为什么从土里“探”出头来?

语文课如果深入到对语言文字的推敲，就陡然有了语文的味道。听一位老师教学人教版教材四年级下册《乡下人家》一文，有这样的感觉。

《乡下人家》中有这样的句子：“几场春雨过后，到那里走走，常常会看见许多鲜嫩的笋，成群地从土里探出头来。”在学生读到这里时，老师有如下的教学：

师：这里的“探”字还可以换成哪个字?

生：可以换成“钻”字。

生：可以换成“冒”字。

生：可以换成“露”字。

师：相对于“钻”“冒”“露”这些字，“探”字好在哪儿呢？

生：（几乎异口同声）“探”字更形象。

师：让我们来读这句话，读出这种形象感。

“形象”是这样一个“包打天下”的词语，一下子就把词语表达的妙处说尽了。可是果真如此吗？“钻”不形象吗？它不是很好地表现出鲜嫩的笋出土时的用力吗？“冒”不形象吗？在三年级下册的《荷花》一文中，有“白荷花在这些大圆盘之间冒出来”的句子，“冒”字用得多好，白荷花的生机和活力不是展露无遗吗？“露”字不形象吗？它不是很准确地表现了笋芽初出地面时的姿态吗？

可是作者为什么偏偏用了这个“探”字？“探”是一种主动的姿势，是带着好奇的心理的词语，“探头探脑”的顽皮和稚气含在其中。在作者的眼里，这哪里是一群笋芽，分明是一群瞪大了好奇的眼睛的娃娃。

《乡下人家》表达了作者对乡村风光的无比热爱，作者饱含浓浓的深情赞美乡下人家，在他的眼里，一草一木都关情，瓜架瓜藤、花草树木、鸡的散步、鸭的戏水，都是别有风趣的，所以一词一句也含情。不用说，“探”字有作者的情在里面啊！作者用喜爱的目光看，用欣赏的目光看，鲜嫩的笋也就有了灵性，有了表情。

丁培忠先生曾这样讲过：“语文这种工具，不同于其他任何工具，它是交流思想感情的工具。这种工具，你不用它便罢，只要一用它，必然要赋予它自己的思想、观点、感情。”这句话好像就是针对这样的课而言的。品味词语的表达效果，如果看不到它身上作者的感情因素，语文味还是淡的，还是浅的。

案例 2：从哪些地方可以看出作者特别喜欢翠鸟？

人教版教材三年级下册《翠鸟》一文表达了作者对翠鸟的喜爱之

情，是毋庸置疑的。“从哪些地方可以看出作者特别喜欢翠鸟？”是课文后面的一个思考题，意在引导学生从字里行间体会作者对翠鸟的喜爱之情。显见的句子学生很容易找到，比如，“我们真想捉一只翠鸟来饲养。”比如，“在翠鸟飞来的时候，我们远远地看着它那美丽的羽毛，希望它在苇秆上多停一会儿。”如果学生不深入读文，不认真去想，就不会想到作者在写翠鸟的样子和动作时，是经历了怎样久久的静静的凝视，以及凝视背后透露出来的无比的喜爱。很多时候，老师也想不到。这种情况从下面的教学片段中可以看出。

师：读一读，注意加点的部分，你发现了什么？

它的颜色非常鲜艳。头上的羽毛像橄榄色的头巾，绣满了翠绿色的花纹。背上的羽毛像浅绿色的外衣。腹部的羽毛像赤褐色的衬衫。

生：我发现，作者写翠鸟的羽毛，都用了打比方的方法。

师：请读读这段话，想想它跟文中的描写有什么异同？

它的颜色非常鲜艳。头上的羽毛是橄榄色的，上面满是翠绿色的花纹。背上的羽毛是浅绿色的。腹部的羽毛是赤褐色的。

生：这两段话开头的句子是相同的，都是说翠鸟的颜色非常鲜艳。

生：这两段话说的意思相同，都写了翠鸟羽毛的颜色。

生：两段话不同的就是，课文中的句子是用打比方的方法写的，写出了翠鸟的羽毛都像什么；而另一段话是直接介绍的。

师：同样的意思，作者为什么选择了这种方式来写？

生：用打比方的方式，很形象。

生：加上作者的想象，我感觉翠鸟很美丽。

“从哪些地方可以看出作者特别喜欢翠鸟”这个问题，表面上好像是指向课文内容的，实际上也是引导学生感悟词句表达的一个问题。作者这样写，主要是出于对表达方式的思量吗？当然不是！作者这样来写翠鸟，让我们想到，他是怎样长久地注视着翠鸟，怎样对翠鸟的每一个部分细细地欣赏啊！他是多么的喜欢着小翠鸟啊！正是因为喜欢翠鸟，才有了这样的想象和描写：翠鸟像一个小精灵，它不仅戴着头巾，还穿着外衣和衬衫，那么美丽和有趣。可见，表达方式不是停留在技巧上的“方式”，言为心声，从语言走到作者的心里，才能体会表达的效果啊！

问出来的精彩

——牛顿为什么叫“大”科学家

阅读人教版教材三年级上册《做风车的故事》一文时，我请学生尝试自己提出问题，和同学一起读书讨论解决。学生的问题提得五花八门，写了满满一黑板。

“牛顿的风车摔坏了，他为什么‘羞’，而不是‘气’?”

“牛顿为什么回答不上来卡特的问题?”

“牛顿为什么没有流一滴眼泪?”

“牛顿做的风车真的能磨面吗?”

“同学们刚才还在夸奖牛顿的风车做得好，为什么听了卡特的话都嘲笑他?”

……

我觉得问题提得差不多了，有一个小男孩却依然执拗地举着手，我请他提问，他的问题出人意料：

“为什么说牛顿是‘大’科学家?”

我预感到这是个很好的问题，是利用课外语文资源的好机会，因为它的答案不在课本上。我让他也写到黑板上。

果然，在读书讨论了几个问题之后，孩子们的目光集中到了这个问题上。以下是教学实录：

生：我想说说“为什么说牛顿是‘大’科学家?”这个问题。我认为，牛顿发明的东西很多，才叫“大”科学家。

生：我知道牛顿关于苹果落地的故事。我是从《发明发现故事》这本书中知道的。他对苹果落地感到很奇怪，他想，为什么苹果没有飞到天上去呢？后来他发现了万有引力，揭开了这个谜。

生：我在《世界名人传记》中了解到，牛顿还揭开了宇宙天体的许多奥秘。

生：牛顿小时候就自制过太阳钟呢，我们自然书中讲到的。

……

师：那么，牛顿的"什么"大，人们才叫他"大"科学家？

生：牛顿的贡献大。

生：牛顿的成就大。

师：对，在众多的科学家当中，牛顿的成就和对人类的贡献非常大，名气也大，就是现在人们能够登上太空，也有牛顿不可磨灭的功劳，所以称他为"大"科学家。你们看，一个"大"字，隐藏着这么多的学问！我们说李白是"大诗人"，鲁迅是"大作家"，齐白石是"大画家"，贝多芬是"大音乐家"，你们知道是为什么吗？

生：李白写的诗多，也特别好，想象非常丰富。我们都爱读李白的诗，连当时的皇上都叫他给杨贵妃写诗呢！

生：鲁迅写的文章非常好，很出名，听妈妈说，他的文章敌人读了都怕，他为中国做出了很大贡献。

生：齐白石是中国著名的画家，在世界上都有名，他最擅长画虾。我们美术老师说他是国画的一代宗师。

生：贝多芬是世界闻名的音乐家，我们学校走廊上就贴着他的画像。虽然他的耳朵聋了，但还是作了不少著名的曲子呢！

……

师：看来，我们还真不能小瞧这个"大"字。普普通通的"大"字，包含了人们的多少肯定，多少赞誉，多少尊敬啊！而牛顿，就是这样一个大科学家！让我们一起来读——"三百多年前，英国有位大科学家叫牛顿。"

一个看似不起眼的问题，把孩子们的目光引到了课外，不仅有效地利用了语文资源，做到了课内课外的有机结合，还激发了许多孩子读课外书、积累资料的兴趣。凭借这个问题，我们不仅理解了“大”字丰富的内涵，还体会到了它所蕴含的强烈的感情色彩，可谓是融读书与表达于一体，融理解语言文字与人文教育于一体。

这问出来的精彩，让我对“大语文”“大课堂”又有了一点感性认识，更让我明白了，学生问得好，还要老师导得巧！

周瑜哪里去了

——听课听出来的问题

一、《草船借箭》教学中，周瑜哪里去了

人教版教材五年级下册《草船借箭》一文里有这样一句话：“周瑜长叹一声，说：‘诸葛亮神机妙算，我真比不上他！’”

听几个老师上这一课，他们虽然都注意到了这句话，却同样是死死地盯住了“神机妙算”，最典型的做法是：

师：(出示句子：周瑜长叹一声，说：“诸葛亮神机妙算，我真比不上他！”)“神机妙算”是什么意思?

师：请同学们默读课文，画出表现诸葛亮神机妙算的句子，进行批注。

师：(在学生汇报体现诸葛亮神机妙算的词句时，不断呼应)：难怪周瑜会长叹一声，说——(学生接着读：诸葛亮神机妙算，我真比不上他！)

这样诸葛亮一个人唱主角的教学，让我产生了大大的疑问：周瑜哪里去了？没有周瑜这个配角，怎么显出诸葛亮的“神机妙算”？何来周瑜的“我真比不过他”？周瑜暗暗和诸葛亮的比较，才显出诸葛亮的风采。周瑜哪里不如诸葛亮呢？我们看看周瑜的算计：

首先，周瑜让“箭”字从诸葛亮口中说出：

周瑜请诸葛亮商议军事，说：“我们就要跟曹军交战。水上交战，

用什么兵器最好？”

诸葛亮说：“用弓箭最好。”

其次，周瑜使诸葛亮不能推辞造箭的任务：

周瑜说：“对，先生跟我想的一样。现在军中缺箭，想请先生负责赶造十万支。这是公事，希望先生不要推却。”

第三，周瑜逼诸葛亮立下军令状，欲置他于死地：

周瑜说：“军情紧急，可不能开玩笑。”

诸葛亮说：“怎么敢跟都督开玩笑？我愿意立下军令状，三天造不好，甘受惩罚。”

第四，周瑜暗中阻挠诸葛亮造箭的进程：

周瑜说：“我得吩咐军匠们，叫他们故意迟延，造箭用的材料，不给他准备齐全。到时候造不成，定他的罪，他就没话可说了。”

最后，周瑜一直监视诸葛亮的动静：

他对鲁肃说：“……你去探听探听，看他怎么打算，回来报告我。”

周瑜没有想到的是，他虽步步设计，围追堵截，让诸葛亮无路可走，但诸葛亮却另辟蹊径，巧借外力，他不光利用了天时地利，还利用了鲁肃的忠厚和愚钝，利用了曹操的多疑和奸诈，更利用了周瑜的自以为是。这出其不意的“草船借箭”，周瑜做梦也没有想到啊。这样一比，诸葛亮的神机妙算才有了着落。

把周瑜读丢了，是解读教材最大的误区，也是这样的课最大的败笔。

二、《雷雨》教学中，蜘蛛为什么不从网上“落”下来

人教版教材二年级下册有一篇课文叫《雷雨》，文中写下雨前的部分有这样的句子：“忽然一阵大风，吹得树枝乱摆。一只蜘蛛从网上垂下来，逃走了。”我听到三位老师的课，都注意到了这个“垂”字，她

们注意的角度有些不同。

师1：（出示句子）请同学们读一读这两个句子，你觉得哪一句好？

蜘蛛从网上垂下来，逃走了。

蜘蛛从网上落下来，逃走了。

生：我觉得第一句比第二句好。

师1：为什么？

生：第二句中的“落”好像蜘蛛掉下来了。

师1：这个“垂”字更形象，我们来好好读读这句话。

师2：蜘蛛从网上垂下来，逃走了。这句话中的“垂”还可以换成哪个词？

生：可以换成“落”。

生：可以换成“爬”。

生：可以换成“滑”。

生：可以换成“吊”。

师2：可以换成这么多词，作者为什么单单选择了“垂”？

生：用“垂”字更具体。

师2：（出示课件：演示蜘蛛从网上垂下来）我们看看蜘蛛，它顺着丝往下来，整个身体在丝上——？

生：垂挂着。

师2：这里用这个“垂”字多准确啊！

师3：“垂”下来是怎么下来？你见过蜘蛛从网上垂下来吗？

生：我见过，就是蜘蛛拽着一根丝吊下来。

生：我没见过，我猜应该是蜘蛛从一根丝上滑下来。

师3：我们看看图片，没有落到地面的蜘蛛是什么样子？

生：像是挂在丝上。

生：像是垂挂在丝上。

生：像拉着蜘蛛丝在打秋千。

师3：大风来了，在网上的蜘蛛最快逃跑的方法是什么？

生：拉着一根丝垂到地面，最快。

师3：多聪明的小蜘蛛，多快的“垂”啊！我们都来读读这句话，体会一下小蜘蛛的有趣吧。

师3：我们来观察一下“垂”字，你有什么好办法记住它？

生：“垂”中间的一竖就像是一根蜘蛛丝，从上面直垂到地面。其他的部分像一只小蜘蛛，紧紧地拉着蜘蛛丝。

师3：多形象的记忆方法啊！跟老师一起写，注意它的笔顺。

“垂”是一种姿态，是属于蜘蛛的姿态，当大风来临的时候，这个姿态透露出蜘蛛的机灵，也折射出蜘蛛逃跑的急切与仓皇。这些在人看来，尤其是小孩子看来，别有一番情趣。有时候，对一个词语的推敲，不是好或不好能说得清楚的，也不是形象或不形象就能概括的，词语比较是一种方法，也是最理性的方法。我喜欢第三位老师的教学，因为她让“垂”跟生活比较，跟当时的情境比较，使字与情交融，字与图交融，这样更感性，也更有趣。这样的词语教学才是最贴近语感的。

三、《丑小鸭》教学中，丑小鸭只是不幸的吗

人教版教材二年级下册《丑小鸭》一文中，丑小鸭的不幸是显而易见的。在家里，除了鸭妈妈疼爱他，谁都欺负他，哥哥姐姐咬他，公鸡啄他，养鸭的小姑娘讨厌他；在外面，小鸟讥笑他，猎狗追赶他，无家可归的他只有躲，只能被冻僵。所以大多数教师，都会让学生的目光，长久地停留在丑小鸭的不幸上，甚至让学生通过想象，放大丑小鸭的不幸。

案例 1：

师：大家看看文中的插图，想象丑小鸭的哥哥姐姐、公鸡、养鸭的小姑娘会怎样说丑小鸭？

生：丑小鸭的哥哥姐姐说："你怎么会是我们的弟弟？你这个丑东西，你不配做我们的弟弟！"

生：公鸡说："这个小鸭子，真丑，去去，离我远点，看见你我就生气！"

生：养鸭的小姑娘说："丑鸭子，到旁边去，别人吃完了你再来吃！"

案例 2：

师：小鸟会用什么样的话讥笑丑小鸭？

生：这么丑的鸭子来到树林里干吗？

生：这只鸭子真丑，谁都不会跟他做朋友。

生：这只鸭子真脏，脏得污染环境！

案例 3：

师：丑小鸭晚上出来找吃的，有什么危险？

生：他可能会遇到狼。

生：他可能会被石头绊倒。

生：他可能会掉到猎人的陷阱里。

放大的不幸，让学生的心中充满了恐惧和仇恨，除了同情丑小鸭，还会产生一股除暴安良的侠气。这样激烈的情绪，往往影响学生阅读的心境，使他们体验不到美好的情感。

丑小鸭只是不幸的吗？当然不是。他有幸被鸭妈妈孵出来，有了属于自己的生命，一幸也；课文中说"幸亏一位农夫看见了，把他带回了家"，这是丑小鸭不幸中的大"幸"——在冰天雪地的冬天，重新有了一个温暖的家，就是这个家，呵护他长大，蜕变，直至迎来属于白天鹅的美妙的春天！丑小鸭的"幸"，还体现在他看到了最美丽的鸟——

“一天傍晚，一群天鹅从天空中飞过。丑小鸭望着洁白美丽的天鹅，又惊奇又羡慕。”从这一天起，丑小鸭有了最美丽的梦想，有梦想的丑小鸭是幸福的！

有了这样的认识，丑小鸭才会对过往的经历心平气和，才会对眼前的幸福心存感激。这是一个成长的生命应有的姿态，丑小鸭也不例外。

也说西瓜和芝麻

——作文教学二题

“丢了西瓜捡芝麻”虽是俗话，却并不俗，掂量轻重，懂得取舍，就是这句话蕴含的朴素真理。

西瓜和芝麻，本无优劣高下，之所以相依相伴出现在一起，取其形象而已，西瓜，与芝麻相比，极显其大，而芝麻，更见其小，古有“芝麻官”“芝麻绿豆点儿事”之说，就是证明。

一、 作文教学之想象与合理

想到作文教学中的好多做法，也类同于“丢了西瓜捡芝麻”，因而又把这句俗语拿出来，因这浅显的道理，说来都懂，做起来却不大论轻重了。小学生作文，从教材编写的角度来看，既有写实，也有写虚。比如写童话，写未来的某某，写寓言，看图作文，都应归入写虚的范畴，那么无一例外地，都需要学生展开想象。说到想象，教师无论是指导学生习作还是评价学生习作，都把“合理”作为一个标志似的标准。

“合理”的意思是什么呢？从很多老师的指导和讲评来看，“合理”无非是合乎经验世界和知识世界的常理，比如小鸭子只能一摇一摆地走路，不能跳着走路；小燕子只能和小燕子结婚，不能和小喜鹊结婚；动物啊植物啊能够克隆，地球就不能克隆；等等。乍看，似乎这个要求是合理的，但我们走到写虚的作品中，就发现了问题：花草树木，鸟兽虫鱼，会说话，会思想，会做很多了不起的事，这合乎常理吗？安徒生的童话中，蝴蝶在花丛中选新娘，癞蛤蟆想娶拇指姑娘，没有生命的锡兵爱上了纸剪出来的小舞蹈家，且至死不渝，这合乎常理吗？《尼尔斯骑鹅旅行记》中尼尔斯能和家鹅交谈，合乎常理吗？一个小学生写他孵蛋，孵出了美国总统布什，教育界一片盛赞声，这又有哪点合乎常理呢？例子不胜枚举。

看来，想象出来的作品，似乎都是与常理相悖的，荒诞不经的，但就因为如此，它才呈现出奇特诱人的魅力，给人以心灵世界自由驰骋的享受。如果用常理这一准绳来禁锢作品的诞生，恐怕就不会有神奇的民间故事、美妙的神话故事、引人入胜的童话了吧。

有人可能会说，那么我们就不要提“合理”这个要求吗？当然不绝对，写科学推想作品，如《琥珀》《黄河象》，就要强调推想接近事实；写科学童话，如《小壁虎借尾巴》，就要强调科学童话里的知识要正确；写看图作文，如《胜似亲人》，就要强调想象要以图为基础……而这样的习作，在小学阶段毕竟是不多的。

对于小学生来说，我们要的是他们大胆的想象，而不是戴着“合理”的脚镣，跳“想象”的舞蹈。一旦知识至上主义蒙住文学审美的眼睛，其结果是枯竭了学生的想象力，萎缩了学生想象的兴趣，剥夺了学生想象的快乐。

是不是可以这样说，想象和合理生来就不是准备相形相伴的。

二、作文教学之下水与习作

教师写下水文，至少有这样几个好处：一是通过这样的练笔，提高教师的写作水平；二是教师亲历习作过程，能找到习作的难点，便于有的放矢地指导学生习作；三是教师写下水文，平等地和学生交流，对学生是一种尊重；四是教师对写作的热爱，对调动学生习作的兴趣和情感而言，作用是深远的。

教师的下水文，是要呈现给学生看的，这就决定了下水文的独特作用。把下水文呈现给学生，时机和目的是首先要考虑的。

在学生习作前出现下水文，有示范的作用，但往往容易限制学生的思路，不利于学生创造性的表达。可有些习作，还非下水文引路不可。比如书信，比如导游词，比如读后感，比如梗概，这些习作形式都是首次出现，有的在教材中给出例文，如读后感，有的则没有。这些习作虽没有固定格式，但由于学生是初次接触，为降低习作的难度，让学生尽快“上路”，教师可以先行示范。通过示范，给学生讲清楚写这类文章的基本要求。例如，写读后感，“读”是基础，“感”是重点，要避免把读后感写成内容简介；再如，写导游词，要让学生领悟导游职业的特点，懂得介绍景点要抓住景点的特点。

下水文在习作后出现，会起到什么作用呢？如果下水文在讲评的时候呈现给学生，那么通过对比阅读，不仅使学生能发现自己习作的优缺点，而且还是表达方式的有效导引，引导学生进一步拓展思路，利于学生修改自己的习作。

下水文的形式可以是口头的，也可以是书面的。口头的多出现在平等交流中，比如引导学生说自己记忆中的事，教师也参与进来，给学生讲自己的一件事，更能激发学生交流的欲望。这样的下水自然轻松，学生不觉得你在给他们示范，却很好地起到了示范的作用。尤其在学生作文起步阶段，多一些口头的交流，事半功倍。

在实际教学中我们发现，下水文内容不合适，也往往达不到预期的效果。如果下水文远离学生的经验世界，缺乏童真童趣，或下水文过长，远远高于学生的水平，学生面对这样的下水文，不是不知所云，就是望尘莫及，容易打消习作积极性。

但不容忽视的是，教师始终要明确一点：教师的下水永远替代不了学生作文，就像教练的示范永远替代不了运动员自己的练习一样，那么，认识到这一点，“下水”就不能占用过多的时间，应腾出更多的时间让学生自己练习，当然也不能要求学生的水平一下子达到教师的水平。

永远的小灰兔

——把孩子看成孩子

老山羊在地里收白菜，小白兔和小灰兔来帮忙。

收完白菜，老山羊把一车白菜送给小灰兔。小灰兔收下了，说：“谢谢您！”

老山羊又把一车白菜送给小白兔。小白兔说：“我不要白菜，请您给我一些菜子吧。”老山羊送给小白兔一包菜子。

小白兔回到家里，把地翻松了，种上菜子。

过了几天，白菜长出来了。小白兔常常给白菜浇水，施肥，拔草，捉虫。白菜很快就长大了。

小灰兔把一车白菜拉回家里。他不干活了，饿了就吃老山羊送的白菜。

过了些日子，小灰兔把白菜吃完了，又到老山羊家里去要白菜。

这时候，他看见小白兔挑着一担白菜，给老山羊送来了。小灰兔很奇怪，问道：“小白兔，你的菜是哪儿来的？”

小白兔说：“是我自己种的。只有自己种，才有吃不完的菜。”

这是人教版教材一年级下册《小白兔和小灰兔》的故事。这个故事里的主角是谁呢？是永远的小灰兔。

小灰兔一直是灰色的。所有的光洁都让小白兔占有了。

他还有个公认的名字：懒兔子。

十多年前在上课的时候，黑板上的板书基本就是两个字统领：勤和懒。两个字下面列举出小白兔和小灰兔的不同表现，一个是翻地，种菜，浇水，施肥，拔草，捉虫，一个是不干活。我们的思维是二元的，对，或者不对，好，或者不好，褒奖，或者批评，二元截然对立。所以小灰兔一直处于下风头，被老师和小孩儿的冷风吹着，不知吹了多少年。

后来终于有人发现问题了，问题是：说小灰兔懒，他真的懒吗？老山羊收白菜，他不是也去帮忙了吗？可是如果不是懒，那又怎么来评价他呢？

视线聚焦在插图和小灰兔问小白兔的话上。感谢插图的作者，他真是善解人意，在小白兔跟老山羊要菜子的时候，拉着一车白菜的小灰兔一脸疑惑，在小白兔告诉他“自己种的”的时候，小灰兔若有所思。这个形象一定打动了自以为是的大人，那只是一个不懂事的孩子，因为不懂，才会有那样的想法和做法。他不是还问小白兔——“你的菜是从哪儿来的？”

有了这样的理解，小灰兔就是可以理解的，就是生活的，就远离了虚构，那么他之后的做法就可以想象：也要了菜子，也去种菜，也有吃不完的菜。一件事，让孩子看到了小灰兔长大的过程。摘掉懒帽子的小灰兔，他的稚嫩和可爱，就定格在孩子的心里。可以想象，他们也为小灰兔轻轻地松了一口气，他们谁不是小灰兔呢！

理解了小灰兔，有什么用呢？

有大用。

学习朗读，在朗读中理解课文内容，通过理解再进一步促进朗读的恰切，这个过程看似是读的过程，实际上是情感认同的过程。同样一句话，不同的情感会赋予它不同的意味。

比如小灰兔的话：小白兔，你的菜是哪儿来的？

如果认定他是懒兔子，那么在读这句话的时候，就不自觉地把他读成傻兔子，笨兔子；如果认定他是个不懂事的孩子，善意会促使你读出他的吃惊，好奇，以及隐隐的羡慕。

比如小白兔的话：是我自己种的，只有自己种，才有吃不完的菜。

如果认定小灰兔是懒兔子，小白兔是勤快兔子，那么这时候小白兔就会认真地说教，有微微的自得，不由自主的鄙夷；如果认定小灰兔是幼稚的孩子，那么就会耐心地解释，友善地告诉，甚至你都能联想到小白兔后面要说的话：小灰兔，你也自己种吧，我教你怎么种，那样你就有吃不完的菜了……

是不是有大用？这个过程中，朗读是很容易打动小孩的心的，种菜的过程，也在他们心中，种下善意，宽容，理解，亲近。这恐怕是作者要送给孩子们的礼物，或者，是我们一年又一年，读着这个故事的老师，应该送给孩子们的礼物。

所谓工具性和人文性的统一，就在这里了。

但不容置疑的是，小灰兔是永远的。

他的名字可以变成“另一只小狮子”（人教版教材一年级下册《两只小狮子》），那里面的一只小狮子练自己的本事，另一只小狮子想着靠父母的威名可以生活得很好。到底是狮子妈妈教育了他一番，才完美结束。

总有一个自以为是的大人或者小大人，告诉孩子：快快告别童年。我们对童年实在是太残忍了，以致于小孩子觉得玩、懵懂都是一种耻辱。

想到下乡调研学前教育的老师讲过的一件事：一个幼儿园的小孩被罚站，问他为什么，因为玩。老师告诉他，可以去玩，小孩就是要玩。那个几岁的孩子一脸坚定，坚决不去玩，说不喜欢玩，玩不是好孩子。

不是笑话。我们离开童年不远，刚刚还在回味着调皮捣蛋的快意美妙，回过身就彻底把童年给否定了。这不是教育的悲哀吗？

着眼于表达的语文教学

如果着眼于表达，我们就会跳出情感的旋涡。我和老师一起备人教版教材四年级下册《鱼游到了纸上》一文，有这样的体会。

往常教学这篇课文，每每都是纠缠于“鱼游到了纸上”和“鱼游到了心里”有什么关系，然后落脚在对聋哑青年执着追求的赞美、赞叹，十年如一日跳不出这样的思路。换一个思路怎么做呢？我跟一位青年教师有过这样的对话：

问：你觉得作者为什么要写这个青年呢？

答：因为这个青年很特别，还是个聋哑青年；因为这个青年画鱼画得非常好。

问：除了青年的原因，还有什么？比如作者——你从字里行间能触摸到作者的情感吗？

答：他看到青年人画了一整天，终于忍不住说：“你真专心哪!”说明作者终于从一个旁观者，向青年走近了，他被青年的努力打动了。

答：我从“心不由得咯噔一跳”能够感受到作者复杂的情感：有吃惊，他“认识”这个青年人很久了，却从来没有想到他是个聋哑人；有歉疚，就在刚才，青年人没有回答他的话，他还想“好骄傲的年轻人”，对他很有意见呢，现在才知道原来是误会了他；有惋惜，多好的青年人，怎么会是聋哑人呢？当然还有更深的感动，对一个聋哑青年由衷的敬意。

问：所以说，促使作者写这个青年人的，不仅是青年人与众不同的表现，更有作者内心的情感，这情感让他有表达的欲望，让他禁不住想为聋哑青年唱一曲动情的歌。那么如何把他的情感传递给读者呢？

答：他抓住青年的外貌、动作、语言来写。

问：这样说多么概括！好像很对，又很模糊。我们来细读课文，看看故事可以分为几个部分？每部分写什么？

答：可以分成两个部分，前4个自然段写的是青年给作者的初步印象：爱鱼爱到了忘我的境界；后面的部分集中写了一个星期天对青年的了解，是深入接触后的印象。

问：好，这样看就清晰了。写初步印象的时候，作者具体写了什么？写进一步印象时，作者具体写了什么？

答：写初步印象时，写青年的外貌和观鱼的神态，突出他的与众不同；写进一步印象时，则具体写青年画鱼的动作和作者与青年谈画鱼。

问：这样看来，作者把青年走到他心里打动他的过程具体写出来了。这些具体写的事情，从不同的侧面突出了青年的特点：学画鱼达到了忘我的境界！文章有很多略写的地方，你发现了吗？

答：至少有两点，一个是这个青年画了整整一天，作者没写他一天都怎么画，只用时间带过："一个星期天，我到玉泉比平时晚了一些"，说明青年人已经早来了，"等到太阳快下山才起身往回走，路过后院，看到那位青年还在金鱼缸边画画。"第二点是围观的人赞叹着，议论着，作者也是一笔带过的。

问：现在我们来思考教学。我们可以用这篇文章做什么？

答：这篇文章可以说是"一个敬佩的人"的范文。我觉得可以这样来上：通读课文，让学生从字里行间体会作者的情感，再细读文本，思考交流作者是怎样具体写出他敬佩的人的。虽然还是细读青年怎样观鱼、怎样画鱼、怎样谈画鱼，但是目的不一样了，作者的思路在这个过程中就呈现出来了。

问：对啊。现在我们再看课后的小练笔，是不是也有不一样的想法？

答：往常的时候，这个小练笔的目的仿佛就是在赞美聋哑青年，学生说起来觉得没意思，无非是“有的说”的列举，说来说去，除了说他画得好、画得用心，再也说不出什么，还有过分强调教育意义之嫌。现在换一个思路，就不一样了。我们可以让学生学作者的样子，仔细观察每个人的神态、动作，想象他们可能说的话，这样写起来就具体了。

这个青年教师按照这样的理解，确定教学目标，梳理教学设计，上课。她感慨道：“这和我以前上的课，简直有天壤之别！”

一篇课文，能给老师多大的诠释空间

“海峡两岸暨香港、澳门阅读教学观摩活动”，近几年有个很好的创意：同课异教。2012年在澳门举行，虽然增设了不少课，“四地”老师同时上，你可以随便凭自己的兴趣去听，但是压轴的课还是同课异教。内地、台湾、香港、澳门四地的老师都上同一课——《小草》。

短文是澳门版语文教材《快乐学语文》五年级上册的一篇课文。从语言感觉，年代很久的样子。前面多是描写，描写房间窗外小草的绿，小草的平凡，小草被山火烧了之后，又焕发生机。结尾也很老套，抒发作者对小草的赞美。就是这样一篇小小的文章。

海峡两岸暨香港、澳门的老师是怎么“异”教的呢？香港、台湾、大陆三地的课，都看到了文中的语言因素，安排了从读学写的内容，也就是学习赞美一种事物，澳门的课则着重在词语、内容理解上。对于澳门的小孩来说，汉语是第二语言，虽然五年级了，既说不大好，也读不大好，所以多是一片缄默状态，既不发言，也不出声读课文。我想，上课的老师都没有看到她们预期的精彩，只好很多次地说“不要害羞哦”，来缓解自己的无奈。

即使是这样，我还是觉得收获多多。

台湾上课的是花莲乡下的一个中年女教师，张友馨，朴素得很。用餐的时候跟她交谈，她的学校只有二十几个孩子，她的班只有几个孩子。她说：“好多年轻人都出去打工了，在乡下的孩子越来越少了，但是也有好处，家长对学校工作干涉不多，老师可以有自己的思考，实现自己的想法。”她的确很有想法，听听她的说课大意：

“不断的思考，借助这篇课文，让学生看到什么，要做什么。不停地修改这一堂课，直到最后确定从‘写作观点’角度切入，用很多文本来做学习资源，课文只是文本之一。通过教学，让学生学习做一个真正的读者，做一个真正的作者，老师有很多放声思考，告诉学生是怎么想的。最后真正学习做一个人，学习到一种尊重、体谅、体贴。”

台湾国立东华大学中文系许学仁教授概括得好。他说，四节课大体分两类，一类是利用文本，不断深化，提取元素，向内聚敛，一类是利用即有文本，扩大阅读视野，向外拓展。从这个角度说，台湾张友馨老师的课属于后者。欣赏一下她的教学创意吧。

她确定课的主题是：看到与想到。围绕主题，她让学生欣赏她提供的台湾小学草地的画面，让学生想一想，写一写，说一说：

“我”是谁？看见草地，“我”会想到什么？

“我”从不同的人物到不同的动物，不断变换角色，想到的内容也不断变换。在这样的预热之后，她让学生看课文，了解作者在山火事件之前和之后，看到了什么，想到了什么？学生通过阅读勾画，交流，感受作者写作的心路历程——看到小草，想到不计较，想到生命顽强，心有所动，就写成一篇文章。之后，她让学生依次阅读了白居易的《赋得古原草送别》，林武惠的现代诗《小草》，通过师生对话，交流作者看到了什么，想到了什么，进一步感受作者创作的过程。这个时候，学生是真正的读者。

这是她的第一个环节，也是最重要的一个环节。接下去到了另外一个环节：让学生做一个真正的作者。

张老师请学生欣赏了关于落叶的两首儿童诗，让学生以“落叶”为话题，说说自己是谁，看到落叶会想到什么，简单地写一写。

我们总是说“用教材教”，说“课本不是唯一的教材”，这两点张友馨老师真正做到了。即使只听这一节课，我也一定会很满足，因为它让我看到了，一篇课文，给老师诠释的空间到底有多广阔！

可以什么也不想

一位教育家来到一所小学，请校长找来三个学生，让他们做个游戏。

这位教育家从手提包里拿出一个瓶子，又取出三个系着绳子的小铅锤。他把瓶子放在地上，把三个小铅锤分给三个学生，让他们拿着绳子头，先后把铅锤放到瓶子里。

他对三个学生说："这个瓶子是一口井，不过现在井里没有水。你们手里拿着的铅锤代表你们自己。井口很窄，一次只能上来一个人。"说完，他又问："记住了吗?"三个学生齐声回答："记住了。"

教育家拿起茶杯向"井"里灌水，他一边灌，一边喊："危险！快上来！一……二……"

一个女孩低声对两个同伴说："快！你第一，你第二，我最后！"

"三"字刚出口，三个学生就顺利地把小铅锤一个一个提了出来。

教育家问这个女孩："你刚才跟他俩说了什么?"

女孩如实地告诉了他。

"你为什么要这样做呢?"教育家又问。

女孩不假思索地说："有了危险，应该让别人先出去。"

这位教育家激动地抱起女孩，好久才放下。他对校长说："这个实验我做过许多次，每次孩子们都争着往外拉铅锤，结果铅锤都堵在瓶口，一个也拉不出来。今天，我的实验终于获得了成功。"

这是人教版教材三年级上册的一篇课文，题目叫《一次成功的实验》。我要说的话题由这个小故事引起。我记下来一个再小不过的教学片段：

师：当教育家喊"一……二……"时，小女孩心里在想些什么？

生：有了危险应该让别人先出去。

生：要按顺序逃生。

生：要沉着冷静。

好，就是这样一个小小的细节。老师的用意很单纯也很明显，想要透过这样的想象，突出小女孩的一些优点，比如，先人后己，沉着冷静。但这样的理解与后面的"不假思索"显然是相悖的——当教育家问小女孩为什么要这样做时，她不假思索地说："有了危险，应该让别人先出去。"

我很自然地联想到了人教版教材六年级上册《穷人》一课，那里面也有类似的情景。桑娜把死去的邻居西蒙的两个孩子抱回去后，文中有这样的描述："她的心跳得很厉害，自己也不知道为什么要这样做，但是觉得非这样做不可。"

也是不假思索！

所以你会觉得女孩了不起，你会觉得桑娜很感人。

所以，如果非要让小女孩在几秒钟时间内想那么多的事情，不是凸显了小女孩，而是把一个真实的孩子变假了，这是得不偿失的。正是什么都没想，才说明"先人后己"的理念已经渗透到骨子里，深入到心里。

有时候实在不需要问想什么，不想什么却做出了什么，这样的本色出演，才是真境界，才是高境界！

无独有偶。我读某一期《读者》上的一篇文章，叫做《爱心是最美的底色》，讲了两个真实的故事，一个是残疾人吴文权跳水救人，一个是孕妇彭伟平下水救人。

记者问吴文权："你跳入水中的那一刻，有没有想到自己是一名残疾人？"吴文权说："没有想那么多，只想到驾驶室里还有一个人，他需要帮助！”

记者问彭伟平：“你当时下水的时候，有没有想到过你是一个身怀六甲的女人？你要是营救失败，那可是三条或者四条人命呀！”彭伟平说：“那时候，谁能想这么多？我只想到我也是一位母亲，我要救那个落水的孩子！”

文章最后说：人大多是平凡的，但是，因为拥有了一颗善良、朴实的爱心，在关键时刻就能迸发出人性的光辉！

可以什么也不想！故事里的人和现实里的人。这丝毫不影响我们对他们的评价。

为什么要用“有的……有的……”

语言的惯性如果可以测试，我以为“有的……有的……”的惯性最大。你随手翻开书，就能在那些经典的课文里发现。

人教版教材四年级上册《五彩池》——

池边是金黄色的石粉凝成的，像一圈圈彩带，把大大小小的水池围成各种不同的形状，有像葫芦的，有像镰刀的，有像盘子的，有像莲花的……

池底长着许多石笋，有的像起伏的丘陵，有的像险峻的山峰，有的像矗立的宝塔，有的像成簇的珊瑚。

人教版教材三年级下册《荷花》——

白荷花在这些大圆盘之间冒出来。有的才展开两三片花瓣儿。有的花瓣儿全展开了，露出嫩黄色的小莲蓬。有的还是花骨朵儿，看起来饱胀得马上要破裂似的。

人教版教材三年级下册《富饶的西沙群岛》——

“有的全身布满彩色的条纹；有的头上长着一簇红缨；有的周身像插着好些扇子，游动的时候飘飘摇摇；有的眼睛圆溜溜的，身上长满了刺儿，鼓起气来像皮球一样圆。”

如果不怕麻烦，可以继续列举下去。

几十年的工夫，数以亿计的小学生、中学生，几乎所有的人都说过带有“有的……有的……”的话。一开始是教材中写，接着就是学着说，写。最初的和最终的认识都是，“有的……有的……”是一种句子样式，很整齐，甚至可以跟排比媲美，人们陶醉于它的节奏感和韵律美。于是小孩子们用这个词来写课间活动，来写看到的花草，以及一切觉得可以写的事物。所有的老师，只要看见它，都条件反射性地注意到，不管三年级已经见过，四年级依然要模仿。

为什么要用“有的……有的……”？这个词语的背后是什么？有人说“有的……有的……”后面是细腻的观察。我以为还要有补充，那就是观察的事物本身的多种多样。词语和事物之间的关系，往往是单向选择，是事物选择词语，比如那么多种的鱼，想把它们介绍给别人，如果作者只是想简单介绍，列举似的介绍，只有“有的……有的……”才堪此任。教学则恰恰相反，是让词语去寻找合适的事物，于是“造句”的“造”此时就显得格外意味深长。

那样写出来的句子，只是句子，没有观察，没有趣味，没有欲望，没有原因。

我们要思考一个问题：为什么要让学生来模仿？从这个例句中学什么？语文教材无非是个例子，即使是细微到一句话的模仿，也应是从“例子”的角度考虑。我们试着自问自答：

为什么要用“有的……有的……”？因为鱼各种样子，荷花各种姿态，五彩池的形状各式各样。

为什么要用“有的……有的……”？因为想让人了解鱼的多，荷花的美，五彩池的神奇。

为什么要用“有的……有的……”？因为想简略地介绍，不想细致地展开。

为什么要用“有的……有的……”？因为每一种都不想错过，都喜欢。

答了这么多，我还没有觉得“有的……有的……”这个词很美。

从答案上看，例子的作用就凸显了。词语总是为内容服务的，你需要它的时候，它自然是最合适的，就如“有的……有的……”一样。脱离了表达目的，它平常得很。

同样多种多样的意思，不用“有的……有的……”这样规整和拘谨的句式，则显出无与伦比的趣味，有跳跃轻快的美，有逶迤开合的美。前者我可以举人教版教材二年级下册《葡萄沟》中的例子：

“到了秋季，葡萄一大串一大串地挂在绿叶底下，有红的、白的、紫的、暗红的、淡绿的，五光十色，美丽极了。”

后者我可以举《红楼梦》中的例子，刘姥姥在大观园给人们带来的快乐，所有的人都笑，曹雪芹怎么写的呢？

“史湘云撑不住，一口饭都喷了出来；林黛玉笑岔了气，伏着桌子嗳哟；宝玉早滚到贾母怀里，贾母笑的搂着宝玉叫‘心肝’；王夫人笑的用手指着凤姐儿，只说不出话来；薛姨妈也撑不住，口里茶喷了探春一裙子；探春手里的饭碗都合在迎春身上，惜春离了坐位，拉着他奶母叫揉一揉肠子。”

由此我们恐怕又要生发一些问题吧？

《葡萄沟》为什么不用“有的……有的……”？如果用了，读起来该多么拗口啊！

《红楼梦》为什么不用“有的……有的……”？如果没有明确点明人物，这里面的趣味大打折扣了啊！

这些都可以作为例子，值得我们好好体悟。

《丑小鸭》的教学如何面对童言无忌

《丑小鸭》是人教版教材二年级下册的一篇课文，也是一篇传统课文。多少年来，不论学生如何变化，教学这一课，教师几乎都要面对两个问题，一是学生直抒胸臆的回答，一是学生情不自禁的疑问。

一、 我要杀死那些欺负我的人

几乎每个教师在教到丑小鸭变成白天鹅的时候，都抑制不住内心的欢喜，总是这样问学生：当丑小鸭发现自己变成美天鹅时，他会怎么想呢？试图让学生分享丑小鸭的欢乐和幸福。课标教材在课文后面，出现了一个提示语："丑小鸭这时候会想些什么呢？"

丑小鸭这个时候会想什么呢？除了高兴，除了激动，除了幸福，他还会想什么呢？这是成人的共同心理吧，我们总喜欢这样大欢喜的结局，以为在欢喜中，心里也是充满了欢喜。可是，学生的回答常常出乎教师的意料：

师：丑小鸭变成了美丽的白天鹅，这时候丑小鸭会想些什么呢？

生：（神情激动地）我想杀死那些欺负我的人！

师：不能这样做，做人要懂得宽容。

生：（大声地）我就是想杀死他们！谁叫他们欺负我！

（师无奈一笑，尴尬。）

大概是在对丑小鸭艰难的生长过程的阅读中，小孩子经历他的无奈、无助、可怜时积蓄了过多的委屈和愤懑，所以，丑小鸭变成白天鹅的喜气，才在学生这样充满仇恨的回答中，一扫而光。教师“不能这样做，做人要懂得宽容”的话显得多么苍白无力！面对学生直抒胸臆的回答，教师要选择怎样的教学策略呢？下面这位老师的处理，也许能给我们一些启示：

师：丑小鸭变成了他曾经无比羡慕的白天鹅，我们猜一猜，这个时候他心里会想什么呢？

生：他要飞回原来的家，让欺负他的鸭子们看看，自己是多么的美丽，谁也比不上。

生：他想飞回树林，让嘲笑他的小鸟们看看，跟他们比美。

生：他想去嘲笑鸭子和小鸟。

生：他想要让养鸭的小姑娘后悔赶走了一只白天鹅。

……

师：那么实际上，丑小鸭是怎么想的呢？我们来读读《丑小鸭》原著的结尾吧。

（生阅读《丑小鸭》原著结尾。）

过去他遭受过那么多的不幸和苦难，可是现在他感到非常高兴。他现在清楚地认识到幸福和美正在向他招手。——许多大天鹅在他周围游泳，用嘴来亲他。

花园里来了几个小孩子。他们向水上抛来许多面包片和麦粒。最小的那个孩子喊道：

“你们看那只新天鹅！”别的孩子也兴高采烈地叫起来：“是的，又来了一只新的天鹅！”于是他们拍着手，跳起舞来，向他们的爸爸和妈妈跑去。他们抛了更多的面包和糕饼到水里，同时大家都说：“这新来的一只最美！那么年轻，那么好看！”那些老天鹅不禁在他面前低下头来。

他感到非常难为情。他把头藏到翅膀里面去，不知道怎么办才好。他感到太幸福了，但他一点也不骄傲，因为一颗美好的心是永远不会骄傲的。他想起他曾经怎样被人迫害和讥笑过，而他现在却听到大家说他是美丽的鸟中最美丽的一只鸟儿。紫丁香在他面前把枝条垂到水里去。太阳照得很温暖，很愉快。他扇动翅膀，伸直细长的颈项，从内心里发出一个快乐的声音：

“当我还是一只丑小鸭的时候，我做梦也没有想到会有这么多的幸福！”

生：丑小鸭非常高兴。

生：丑小鸭没有骄傲。

生：丑小鸭感到很幸福。

生：他也想到了他曾经怎样被人迫害和讥笑过，但他这时只有快乐和幸福。

师：是啊，面对以前的种种不幸，他没有任何想报复的想法，虽然他现在是最美的天鹅。他感到无尽的幸福和快乐，甚至还有点难为情，却一点也不骄傲。丑小鸭不仅有美丽的外貌，还有更美丽的心灵，让我们都祝福这只历经坎坷终于变成白天鹅的美丽的鸟吧！祝福他今后的生活光明幸福！

丑小鸭蜕变了他的外貌，却没有改变他谦卑高尚的心灵。一个饱受欺凌的弱者，一旦强大，复仇之情油然而生。而对丑小鸭来说，情理上似乎也该如此，所以学生才会做那样的常情之想。可是，人生如果计较于这些，天地该有多么狭窄，如果真是这样，变成白天鹅的丑小鸭，就成了真正的“丑小鸭”。进行这样的拓展阅读，不仅使丑小鸭的形象更加完美，也让学生经受了一次心灵的洗礼。让丑小鸭自己来告诉孩子，这，也是一种智慧的回应吧！

二、 丑小鸭是怎样变成白天鹅的

低年级的孩子，有了疑问就想表达出来，质疑问难与其说是他们的习惯，毋宁说是他们的情不自禁。阅读《丑小鸭》一文时，大多数孩子都会问：丑小鸭是怎样变成白天鹅的呢？有的虽没有来得及说出来，但听别人问后显示的探寻的眼神已经说明了一切。

丑小鸭是怎样变成白天鹅的呢？

我听过各种各样的回答：

“这只是一个童话，在童话里没有什么不可能的。”

“丑小鸭不屈服命运，心里总是充满希望，所以他就会变成白天鹅。”

“丑小鸭在自己的努力下，才变成每一个人都羡慕的白天鹅！”

“作者只是想用这个童话告诉我们，只要你付出努力，丑小鸭也能变成白天鹅！”

我最喜欢这样的回答：

师：是啊，丑小鸭怎么变成了白天鹅呢？他一开始可是跟小鸭子一个样的。

生：老师，您说得不对，他一开始就跟小鸭子不一样。

师：（惊异地）哦，哪里不一样？

生：大家看这一段：

（生读）一只只小鸭子都从蛋壳里钻出来了，就剩下一个特别大的蛋。过了好几天，这个蛋才慢慢裂开，钻出一只又大又丑的鸭子。他的毛灰灰的，嘴巴大大的，身子瘦瘦的，大家都叫他“丑小鸭”。

生：蛋就不一样，丑小鸭的蛋比其他鸭蛋大，书上说“特别大的蛋”。

生：我也发现了，孵化丑小鸭的时间比其他鸭子长，“又过了好几天”说明晚了好几天呢。

生：而且他们长得也不一样，丑小鸭比其他鸭子大，比其他鸭子瘦，而且毛不是黄的，而是灰灰的。

师：你们真是细心的孩子。这么说也许丑小鸭——

生：也许丑小鸭就是从天鹅蛋里孵出来的。

生：也许丑小鸭就是白天鹅，白天鹅小的时候就是这样的。

师：你们这个说法有意思。那么，天鹅在天上飞，鸭子在地面生活，这个天鹅蛋是怎么到了鸭子妈妈的窝里呢？你们能想一想，编一个有趣的故事吗？

喜欢这个回答的原因，是因为我觉得，对于一个二年级的小孩子来说，前面的回答过于生涩，而后者不仅有效地让学生留意到文本的细节，而且并不违背作者的原意——安徒生在原著里说："只要你曾经在一只天鹅蛋里待过，就算你是生在养鸭场里也没有什么关系。"

当然，这样的过程不仅是有趣的，还是语文味儿十足的。

功利之外的喜欢

如何让学生对汉字本身产生兴趣，看到汉字的魅力，从而喜欢学习汉字，我想《日月明》让我们看到了曙光。《日月明》是人教版教材一年级上册“识字（二）”的一课，本课要认读的大部分汉字，是会意字。我们先看教学实录：

师：我们今天先来认识几个汉字老朋友，你们能迅速叫出它们的名字吗？

（出示：日、月、鱼、羊、小、大、土、一、火、田、人、目、木。）

（生依次读出汉字的名字。）

师：我知道这难不住你们，看看这两个陌生的生字朋友，你也认识它们吗？

（出示：力、手。）

（部分学生能读出两个字的字音。）

师：你怎么认识它们的？

生：“大力士”这三个字我都认识，是在妈妈讲的故事中认识的。

师：妈妈讲的故事中，说谁是大力士？你明白大力士的意思吗？

生：蚂蚁是大力士，它能搬动比身体重很多的东西，力气很大。

师：我们都来读读它的名字：力，就是“力气”的力。那么“手”这个朋友，你怎么认识的呢？

生：我在幼儿园学的儿歌中认识的。

生：我在医院认识的，“手术室”。

师：举起大家的双手，说说我们的手能干什么？

生：手能写字。

（其余学生发言略。）

师：干活要靠手，手很有力气。妈妈的手比你的手有力气，爸爸的手比妈妈的手有力气。大人的手比孩子的手有力气，男人的手比女人的手有力气。（强调手、力两个字，并以手示之）

点评：本课的会意字基本都是由学生已经认识的字组成，在认读生字之前复习一下很有必要。值得注意的是，这里“力”和“手”两个字，也是生字，教师把它们单独拿出来，利用学生在生活中、阅读中自主识字的基础，引导学生认识它们，并且结合学生的发言和实物，理解它们的意思，这样有利于学生对下面体会会意字特点这个重点的学习。尤其是对“手的力气”的比较，对学生下面感悟“男”字起到了很好的暗示作用。

师：看来，有些生字朋友，虽然我们没有正式将它们介绍给大家，可遇见了，就不知不觉认识了。你们真是有心的孩子！不过，要是它们并肩站在一起，变成一个新字，你还能认识它们吗？看下面的字，谁和谁站在一起了？

（出示：明、鲜、尘、尖、灭、男、休、看、林、森、从、众。）

生：“日”和“月”站在了一起。

生：“鱼”和“羊”站在了一起。

生：三个“木”站在了一起。

生：我认识“男”，男厕所。

生：“小”和“土”站在了一起，“小”和“大”站在了一起，小的钩不见了。

……

师：真细心！有的同学还认识它们中的一些字。不认识也没有关系，读读书，看谁最先能借助拼音读出它们的名字。

（生读日月明，鱼羊鲜……）

（师生配合读。）

师：日月——

生：明！

师：鱼羊——

生：鲜！

……

（大屏幕出示，去掉拼音：男女生配合读，同桌配合读。）

点评：读准字音，是本课的重点。教师首先让学生观察要认识的生字的组成，这样不仅减小了识字的难度，还增加了学生的兴趣。在学生自已借助拼音认读后，教师设计了师生合作读、生生合作读的活动，一是有利于读准字音，二是对字的组成又给予了进一步的强化，一举两得。

师：同学们，你们知道吗？让谁和谁站在一起，变成新的字，可不是随便安排的，当初我们的祖先造字的时候，可是动了一番脑筋的。比如说“明”吧，怎么“日”和“月”站在一起就叫“明”呢？当时他们是怎么想的呢？

（生想不出来。）

师：我们想一想：日就是太阳，太阳会给我们的白天带来什么？

生：光明！

师：月亮呢？

生：月亮会给我们的晚上带来光明。

师：对啊，有了太阳和月亮，不就有了光明了吗？看，我们的祖先想得真有道理呢！你觉得有意思吗？剩下的字，你们也来猜一猜，当时他们是怎么想的。

生：（兴趣盎然，一会儿）我知道了，鱼和羊的味道都很鲜美，所以“鱼”和“羊”就组成了“鲜”。

师：有道理。

生：拿一个东西盖在火上，火就灭了。

生：很小很小的土，就叫尘土。

生：尖的东西都是上面小，下面大。

生：田里干活最有力气的是男人。

生：很多树木就组成了森林。

师：为什么“二木林，三木森”呢？

生：二木表示树有一些，但还不太多，所以是小树林；三木表示树多，数不过来了，就成了森林。

师：同样的道理，三人表示人很多，就叫“众”。看电视的人叫——

生：观众。

师：听讲故事的人叫——

生：听众。

师：老百姓叫——

生：群众。

师：真有意思。你们有想不明白的字吗？

生：“二人”为什么叫“从”？

师：（请生看表演：一个人在前面走，一个人在后面跟）这两个人在干什么？

生：一个人在前面走，一个人跟在后面走。

师：后面的人跟着前面的人，就叫“跟从”。

生：明白了。老师，“人木休”“手目看”也没有道理啊？

师：（出示画面）看看图，你想明白了吗？

生：哦，人靠在树上在休息，用手遮在眼睛上面是为了往远处看。

师：我们再读读书，边读边想字的意思，一定很有趣。

（生再读。）

点评：教师的示范和点拨是这个教学环节值得称道的地方。学生没有意会，这里需要教师的示范。我们看，教师的示范是思考过程的示范，而不是讲解，这样的示范是有效的，它恰到好处地点燃了学生思维的火花，才有后面会意的精彩；对于学生不解的地方，教师的点拨方式也很合适，她结合生活的经验、学生的表演、图画等多种方式，让学生对“林”“众”“看”“休”几个字有所会意，深入浅出地让学生体会了“二”和“三”的虚指。

回顾这课的识字教学，我们会发现，教师利用会意字的特点，让学生经历会意的过程，真正向“引领学生喜欢汉字”前进了一步。陶渊明的《五柳先生传》中五柳先生，“好读书，不求甚解；每有会意，便欣然忘食”，会意之乐，是心灵的独舞，最令人陶醉和难以忘怀。《日月明》一课的教学，就是为学生准备的心灵盛宴，相信学生在会意一笑的刹那，会爱上散发着古人稚拙想法和闪烁着他们智慧灵光的汉字。而这功利之外的喜欢，是发自内心的，也是有可能恒久的。

课堂知道答案

在某一期《读者》上有一篇文章，题目叫《你会提问吗》。该文作者盘点中国大学生在讲座、交流、论坛中的各种提问，感慨学生提问能力的不足。我读了以后心里颇不平静。大学生为什么不会提问呢？他们为什么没学会提问呢？由大学生想到小学生，他们会提问吗？我们教他们学习提问了吗？我不由得想到了小学生的语文课堂，以及课堂上的小学生，头脑中蓦地涌现了不少关于“提问”的问题。

一、什么时候轮到学生提问

记不清听了多少节课，翻开我的听课记录，却难以见到学生的提问，倒是老师的问题匠心独运。我愿意不厌其烦地列出几个课例，来展示老师提问的环环相扣。

案例 1：人教版教材三年级下册《七颗钻石》教学片段

师：这篇课文中有一个生字，笔画最多，是哪个字？（学生说是“罐”字，教师指导学生书写“罐”字。）

师：书中有一个词，跟这个字有关系，是哪个词？（学生说是“水罐”）

师：读课文，看看水罐有什么变化？

师：水罐的神奇变化是因为什么呢？默读课文，书中哪些事跟水罐的变化有关系？画出来。

师："再也忍不住"说明什么？小姑娘以前在什么情况下忍住了？

师：水罐变化的神奇力量到底来自哪儿？

在这个课例中，教师抓住一个"罐"字，厘清一篇课文的线索，引导学生读书写字，思考交流，不能不说举重若轻，尤其是对看似平常的"再也忍不住"的推敲和品读，使学生由此看到小姑娘美好的心灵，不能不说语感敏锐。

案例2：人教版教材二年级下册《画家和牧童》教学片段

师：戴嵩是个怎样的画家？"著名"还可以怎样说？

师：读二至六自然段，你看到了什么？听到了什么？

师：你听到了哪些夸赞声？如果你就是其中的一个人，你会怎样夸赞？

师：围观的人只有这两位吗？还可能有谁？他们会怎样夸戴嵩的画？

师：听到牧童的话，围观的人会想什么呢？

师：为什么周围那么多围观的人，只有小牧童看出了这幅画的错误？

师：你觉得画家戴嵩和小牧童分别是怎样的人？

师：围观的人听了戴嵩和牧童的对话，又会怎样说呢？

面对画家戴嵩虚心听取小牧童意见这样一个小故事，教师紧紧抓住两个主要人物，个个问题直抵中心，引导学生阅读和想象，既重口语表达，又重思想渗透，不能不说重点突出。尤其是"为什么周围那么多围观的人，只有小牧童看出了这幅画的错误？"这个问题，让学生注意到，小牧童之所以能发现问题，是因为他善于观察生活，不能不说，这样的问题透露出教师解读教材的相当功力。

但是，我不得不说的是，这样精心设计的课，除了设计了老师的提问，竟然没有一处设计让学生来表达心中的疑问，学生一个问题也没提。学生回答完老师的提问，这堂课的学习也结束了。

我们的好多课堂，就是这样，轮不到学生提问，他们怎么能会提问呢？

二、 学生在为谁提问

这似乎是一个有悖常情的问题，学生提问，当然是问自己不懂的问题。可是，如果你真正走进课堂，你就会发现一个有意思的问题，就是学生不是为自己提问。那么，他们是为谁代言呢？

我也愿意列举几个课例。需要说明的是，这几个课例，都是课文教学的第二课时，明确一点说，就是学生已经经过了对课文的熟悉过程，他们基本能流利地朗读课文了，对课文内容有了较为全面的了解。学生的提问恰恰就在这种状态下出现的。

案例1：人教版教材五年级下册《自己的花是让别人看的》教学片段

师：我们已经初步阅读了课文。会读书的人能把一篇课文读成一句话，你把课文读成了哪句话？

生：多么奇丽的景色！多么奇特的民族！

师：读这句话时，你有什么疑问？

生：景色奇丽在哪儿？民族奇特在哪儿？

师：那么请大家结合这个疑问，精读课文，边读边批注，一会儿我们来交流。

案例2：人教版教材二年级下册《三个儿子》教学片段

师：默读最后两个自然段，你有什么问题提出来？

(一个妈妈问老爷爷："看见了吗？这就是我们的三个儿子。怎么样啊？"

"三个儿子？"老爷爷说，"不对吧？我可只看见一个儿子。")

生：为什么老爷爷说“我可只看见一个儿子”呢？

师：谁能解答这个问题？

生：因为老爷爷看见第三个儿子帮妈妈提水，觉得他很善良。

生：因为老爷爷看到第三个妈妈很谦虚，那两个妈妈太骄傲。

生：老爷爷是假装说只看见一个儿子，其实他三个儿子都看见了。

生：因为那两个孩子没有提水，走得快，第三个儿子提着水桶走得慢，老爷爷看到的只有他。

师：因为在老爷爷的眼里，孝顺的儿子，才是真正的儿子（边说边书：孝顺——真正的儿子）。

这两个课例需要认真思考。

我们先从学生方面来思考：他们对提出的问题真的不懂吗？在第一个课例中，学生能把一篇课文读成一句话，却对这句话不理解，你不觉得难以置信吗？在第二个课例中，我们看看学生的回答，从这四个学生的答案中，你能说，学生不知道老爷爷为什么这么说吗？他们虽然不能很明确地表达，但不管怎样的答案，有一点是相同的，就是他们不约而同地认定老爷爷说的那个儿子，是帮助妈妈提水的第三个儿子，他们对那个儿子也是赞许的。

我们再从老师方面来思考：老师让学生质疑的目的是什么呢？从第一个案例中我们不难看出，学生的质疑恰恰是老师进行下一环节教学的切入口，如果不让学生质疑，问题就得从老师口里说出，有牵着走之嫌。怎样让问题从学生口里说出，是老师考虑的重点，所以他限定了学生质疑的范围：只有一句话，对于这句话来说，似乎只能问出这样一个问题。第二个案例老师的用意更为显而易见，他当然如出一辙地限定了提问的范围，保证了问题的独一性，并且不管学生怎样说，说得对不对，一律不评价，不引导，而是用“在老爷爷的眼里，孝顺的儿子才是真正的儿子”作结，阐明课文的教育意义。实际上，如果教师的眼中真有学生，这些回答中是有很好的生成空间的，是有机会让学生说清他们的思考的，比如那个“假装看不见”的说法，就是很贴近真实的一个回答，如果教师相机引导：他假装看不见哪两个儿子？为什么？他说看见的是哪个儿子？为什么？就会水到渠成地让学生体会到：孝顺的儿子才是真正的儿子。

这样看来，学生的提问竟然不是为了自己，他们不是明知故问，就是为了提问而提问；老师给学生提问的机会，实际上是想给自己教学行进找一条更顺当的路而已。这样形同虚设的提问，怎能教会学生提问呢？

三、谁来回答学生的提问

有没有学生真正不解的问题呢？当然有。通过无数课例观察，学生真正的提问，来自两种情况：一是低年级学生的童言无忌和情不自禁，说他们童言无忌和情不自禁，是因为这类问题常常不是老师给机会提出来的，而是学生听课过程中情不自禁说出来的。例如，人教版教材二年级下册《丑小鸭》一文的教学片段。

师：寒冷的冬天过去，温暖的春天来到了。在这个过程当中，丑小鸭慢慢地变成了美丽的天鹅。我们快来读读课文的最后一段吧！

生：（情不自禁）老师，在这个过程当中，丑小鸭是怎样变成美丽的天鹅的呢？

二是中高年级学生阅读后的真正困惑，这类问题常常是在学生充分自读后产生的，来自于教师的真诚鼓励和学生的深入思考。这样的课例也随处可见。例如，人教版教材三年级下册《可贵的沉默》一文的教学片段。

师：同学们读了课文，有什么问题要提吗？

生：课文中有这样一句话："像获得赦免一样，那一双双躲闪的目光又从四面八方慢慢地回来了。"这里为什么用"赦免"？

人教版教材五年级下册《自己的花是让别人看的》一文的教学

片段。

师：我们来交流一下你们不理解的问题。

生：我不理解课文的最后一句话："我仿佛又回到了四五十年前，我做了一个花的梦，做了一个思乡的梦。"作者怎么会有这种感觉？

生：对，"花的梦"还可以理解，"思乡的梦"是什么意思？

生：课文中说，"许多窗子连接在一起，汇成了一个花的海洋，让我们看的人如入山阴道上，应接不暇。"这里为什么说"如入山阴道上"？山阴道上和这里应该不一样吧？

能提出这样值得思考的问题，本来是值得欣喜和庆贺的，但是往往在这样的真问题中跳跃的求知和探究的火苗，得不到良好的助力，留下无尽遗憾。

比如关于"赦免"的问题，老师是怎样回应的呢？

师："赦免"是什么意思？

生：（查字典）依法减轻或免除对罪犯的刑罚。

师：这些孩子是罪犯吗？

生：不是。

师：所以这里说"像"获得赦免一样。

学生问的问题得到解决了吗？没有。他本来要问的是，这里为什么用了这样严重的一个词语，学生不理解心灵得到赦免的轻松，教师的所答非所问，会让学生产生怎样的困惑啊！

诚然，语文课不是问题解决课，我们甚至敢说，好些问题是找不到标准答案的，这些问题解决与否也并不是至关重要的。但可以肯定的是，面对着学生的问题，教师要做的，不是单纯地解决这些问题，而是应该尽力地启发诱导，引领学生从问题出发，凭借一股新的劲头开始深入的学习旅程。

可是我们有多少教师准备好了呢？在给骨干教师培训班上课的时候，我常常列举学生提出的问题，让骨干教师设身处地地思考应采取的教学策略。这真是一块好的试金石！答案不停地告诉我们，启发和诱导，需要的不仅是教师的态度，还有教师的教学理念、语文素养、阅读视野、知识积累，以及那最难得的智慧。

“好风凭借力，送我上青云!”没有来自教师的好风给学生助力，怎能燃起学生提问的热情火焰呢?

学生为什么不会提问？这是课堂告诉我们的答案。

考卷的忧思

课程改革的今天，考试不再是一张考卷的代名词。从形式到内容，它都应该宽泛得很，并且应该一直朝着激励学生、引导教学、评价学校的方向努力。尽管如此，一张考卷仍在考试改革的旋涡中保住了一席之地，各个小学期末综合笔试依然进行得有滋有味。然而，不容乐观的是，考卷中反映出来的评价初衷与实际效果的巨大反差，让每一个善于反思的教师，都产生重重疑惑，继而产生深深的忧虑。

一、 此 20 分等于彼 20 分吗？

某校一年级的期末综合笔试卷上，有一道题要求学生“看图写话”。听任课教师说考得不错，大多都是 20 分（此题满分是 20 分）。一位年轻教师还欣喜地说：“这学期学生的看图写话，我几乎没训练，居然考得挺好！”言语之中，颇有点庆幸和莫名的自豪。我不禁产生了要看一看的欲望：到底是一幅什么图，这么大地调动了学生的兴趣，使孩子们写得如此顺利？360 份卷子翻完，我茫然一片——至少有 300 份卷子上写的几乎是同样的话，那话又是如此耳熟，仿佛是数学课上应用题的叙述，只是没有了要解答的问题。

“树上有三只鸟，树下有一只小狗和一只小花猫。河里有两只鸭子，一朵荷花，荷叶上有两只青蛙。”

文通字顺，赫赫的20分就是因为这个得的！我心里没有一丝欣喜，而几乎在同时，另一份也是20分的卷子却吸引了我的注意：

“早晨，小动物们都出来玩了。小鸟在树上叽叽喳喳地唱歌，小猫和小狗在树下做游戏。小鸭子在河里捉鱼吃。粉红色的荷花开了，真美丽！青蛙妈妈和它的孩子蹲在大荷叶上，它们在欣赏荷花呢！”

此20分无疑等于彼20分，可难道此20分真的等于彼20分吗？久久地看着这两份卷子，我试图找到一个让自己信服的理由，来证明我的想法。

1. 同是看图，着眼点不同。前者看到的图，仅仅是一幅“死”图，没有想象、联想，他们关注的是图中事物的数目；后者看图，看到的是一个故事，有场景，有人物，有事件，有丰富的想象。

2. 同是看图，心理体验不同。前者看图，只是看到了图上都有什么；后者不仅仅看到了图上的事物，还想到了事物之间的联系，并且看到了色彩，听到了声音，体验到了场景的美好和人物的快乐。

3. 同是写话，表达方法不同。前者叙述呆板，“数”感强；后者语言活泼，“语”感强。而语文教学终究是要培养学生的语感的。

看着自己列出的三个理由，我豁然开朗：前20分远远小于后20分！后者赢在思维的灵动，语言的鲜活。

我为300份卷子而忧虑！更想对300个孩子的老师说：千万别让20分蒙住了你们的眼睛！要知道，数学课上嫁接来的果子，还要在语文的土壤里精心地培育啊！

二、 背诵等于默写吗？

之所以有这个疑问，也缘于几份语文试卷。几个年级的试卷上，无一例外地有“背诵积累”这一模块，而这一模块的试题中，又无一例外地有“默写××课××段”或“默写××课中你喜欢的段落”或“默写一段你课外积累的文段”。初看似乎无可厚非，考背诵积累用默写的方式，也属正常。问题出在学生的试卷上留下了一段笑话：

一个年级的考卷上有这样的要求：“默写《参观人民大会堂》中你喜欢的一段。”学生大多写的是第二段：“人民大会堂真是雄伟壮丽！”批卷老师谓学生精明：“这也是一段，你能少给一分吗？”任课教师窃喜之余，哪管其他！

我问学生为什么要默写这一段，有的说：“这段简单。”有的说：“写别的段不仅长，还有些字不会写，写错了要减分的。”我又问喜欢哪一段，回答是异口同声的：“写大礼堂那一段，那段写得很美。”

童言无忌，童言可畏！不言应试是如何真切地写在小学生的脑袋里，但就考试中孩子们心中的掂量，就是一件多么沉重的事！

背诵下来的段落为什么写不下来？我查了查语文教材，《参观人民大会堂》一课的课后一题这样写道：“有感情地朗读课文，背诵你喜欢的部分。”没说“默写你喜欢的部分”。是不是背诵就等于默写，所以教材就不再说了呢？我又带着这个疑问翻阅了几册语文教材，发现这似乎不是编者的疏忽。比如，《古诗两首》课后就是这样写的：“背诵课文。默写《江畔独步寻花》。”并且我发现，课文（除古诗外）后面多有“背诵课文中你喜欢的段落”“背诵课文××段”等要求，并无默写要求；古诗的课后多有背诵要求，并指定默写篇目，或默写其中一首，或直接写“背诵并默写课文”。

编者这样写是随意的，还是别有意思？我仔细读课本，发现凡指定要求默写的，其中的字对学生来说都是会写的，常见的。而学生喜欢的段落就不确定了，有很多课文的段落学生虽然背得下来，但一些字是要求只认不写的。我从卷子上还发现，有很多学生就因为用错了“的地得”三个字，而减了分。可见，让学生全段默写，不仅偏离了编者意图，更不符合学生的学习实际。

既然背诵并不等于默写，那么，考学生的背诵积累是不是也不必非一字不差地默写（默写课外背诵的文段还要难于课内的）？考查学生的背诵积累大可以采取口试的方法，如果非要笔试，则应减小写的难度，采用多些提示的填空式，还是可以的。因为我们着眼的是背不背得下，而不是写不写得了。

另外，这种考法的弊端已是非常之明显了。因为掌握了出题的规律，对于教学中凡是要求背诵的诗文，教师们一律让学生默写，复习中更是反复地写。在给学生加重心理负担的同时，也加重了身体负担。

既然背诵不等于默写，所以，在给学生减负的同时，我们也应给背诵减减负——要不，就会背得“不喜欢”，背得毫无情趣，背得很无奈。

难忘的……

我教学人教版教材二年级下册《难忘的泼水节》一文，是在 1997 年，参加市里的青年教师课堂教学基本功竞赛，得了第一名。

有人听完课，说“的确令人难忘”。它也是让我难忘的一课。

那是篇让人激情澎湃的散文，尽管连标点算上只有 364 个字，却有那么多的感叹，那么多的抒情，那么多的色彩，那么多的笑脸。可是教研员却认为我选这篇课文，很不妥当。不妥当的原因，是说我那样沉静柔和的性格，怎能驾驭得了这恣肆的快乐感情！

可我还是选了《难忘的泼水节》，因为喜欢。大快乐的后面有大深情。我用真情驾驭快乐，我用同样恣肆的语言应和课文语言的欢快。我说得有多动情，小孩读得就有多动情，课文最后写道：

“多么幸福哇，1961 年的泼水节！

多么令人难忘啊，1961 年的泼水节！”

我和小孩也体会到了同样的感觉：这是一节多么幸福、多么令人难忘的课啊！我们忘了下面上千的听课老师，沉浸在快乐的朗读中，美好的人情中。读完了课文，又读了一篇相关的散文，暖暖的故事，暖暖的情感，暖暖的留在心间。

“难忘的……”多像一个作文的题目。今天我忽然这样想。

一篇课文，比如《难忘的泼水节》，几十年下来，它还会给你什么呢？

从篇章看，它不能是个小小的范文吗？从最狭隘的模仿角度看，小孩子也有好多难忘的节日吧？那么能让他们也来说说他们“难忘的”吗？

从句式看，也有很值得学的句子啊。“今年，傣族人民特别高兴，因为敬爱的周恩来总理要和他们一起过泼水节。”老师不也是总让学生用“因为……所以……”造句吗？这现成的因果倒装句，倒是应该好好学学的；“傣族人们一边欢呼，一边向周总理泼水，祝福他健康长寿。”这里面的“一边……一边……”也可以模仿一下啊。

从词语看，“火红火红的凤凰花开了，傣族人民一年一度的泼水节又到了”中，“一年一度”是一个很实用的词语，一年一度的节日有多少啊，一年一度的春节，一年一度的元宵节，一年一度的端午节，一年一度的中秋节……

新课标中说“语文课程致力于培养学生的语言文字运用能力”，这些篇章词句的学习，不正是致力于培养学生的语言文字运用能力吗？

语文一直在矫枉过正地往前走。

说忽视情感因素的时候，我教学《难忘的泼水节》一文，因为情意浓浓获了奖。

现在又嫌情感过盛了，转而呼吁要突出工具性，重视培养学生语言文字的运用能力。

只是一篇小小的文章，隔着十几年的功夫，就让你的感受如此不同。我忽然不敢说我懂语文了。

我是这样教《画风》的

我教学人教版教材二年级下册《画风》一文，听课的专家和老师都说上得好。有人说，这是用教材教的很好的例子；有人说，这节课最大的特点是做的都是语文的事；有人说，教学资源的开发和利用是本课的长人之处；有人说，朗读指导中教师和学生与文本之间的对话自然深入；有人说，设计独具匠心，教学更显大气；也有人说，教学评价很有特色，“你来夸夸他”意义不可低估。众说纷纭，却都是肯定。

到底好在哪儿呢？我回顾了整个备课和上课过程，发现其实我只是践行着课标的精神，遵循了母语教学的一般规律。

《画风》是一个充满智慧的小故事，讲三个孩子怎样开动脑筋画出风来的事。画看不见、摸不着的风，似乎是个难题。课文告诉孩子：只要动脑筋，联系平时生活的积累，就能通过具体事物感受到风的存在，风无形，却有影，飘动的旗子、弯弯的小树、斜斜的雨丝、转动的风车都是风的足迹。

风是孩子们熟悉的自然现象。也正是在这里，我们可以找到“语文中的生活”和“生活中的语文”相互重合的地方。怎样利用孩子的生活积累来学习语言，理解语言？怎样把孩子的目光引到生活中去感受事物，运用语言？《画风》这篇文章，恰巧能起到一个桥梁作用。

我把风作为一条小径，试图让孩子们跟着它，从生活走进课本，再走向更广阔的语文学习天地，去领略语言的魅力，才有了如下的精彩生成。

一、谈风

师：同学们，你们一定认识这个字吧？（板书：风）谁能用“风”来说一个词？

生：大风。

生：狂风。

生：暴风。

生：风帆。

生：一帆风顺。

（生还组了很多。）

师：你们知道的真不少。那么，今天有风吗？

生：没有。

师：你怎么知道的？

生：我看见树叶没有动。

生：我的红领巾没有被风吹起来。

生：我没有感到风吹到脸上。

生：沙土没有被风吹起来。

师：你们真是细心的孩子。风可是我们的老朋友了，不管我们欢迎不欢迎，它总是想来就来，不想来就不来。今天我们要读的故事就跟风有关系呢！

二、读风

（生读课文后。）

师：他读得怎么样，谁来夸夸他？

生：他读出了风“看不见，摸不着，谁也画不出来”的特点。

师：陈丹认为画风难吗？

生：难。

生：因为她说谁也画不出来。

师：是啊，看不见，摸不着，怎么画得出来呢！谁再读读，让我们体会到陈丹的为难。

（生读陈丹的话：风，看不见……）

师：宋涛的问题难住了陈丹，难住小艺了吗？快读读4、5自然段，想想怎样读更好。

（生练习后，师指名读4、5段。）

师：他哪里读得好？

生：我觉得他把旗子飘动的样子读出来了——她画了一根旗杆，旗子在空中飘着。我能感觉到旗子飘动了。

师：你听得认真，评得准确。谁还给他提点建议，让他读得更好？

生：这句话应该这样读——是风，风把旗子吹得飘起来了。

师：他读的是——是风，风把旗子吹得飘起来了。你为什么强调“是”字？

生：因为宋涛认为小艺画的是风，她把风画出来了。

师：他读得有道理吗？

生：有。

师：那，大家都这样读读。（生练读）小艺画的时候有把握吗？你从哪儿看出来的？

生：她说“我能！”，所以说有把握。

生：“我能”后面有个感叹号，也看出她有把握，还很高兴。

师：那怎么读出小艺的自信呢？我问，你答，看能不能让我们感受到陈丹的为难和小艺的自信。谁能画风？

生：（男生）风，看不见，摸不着，谁也画不出来。

生：（女生）我能！（很自信）

……

三、说风

师：风没有形，却有影，飘动的旗子、弯弯的小树、斜斜的雨丝、转动的风车都能告诉我们风的踪迹。同学们，假如让你画风，你能画出来吗？你会怎样画？

生：我画风吹起的头发。

生：我画风吹起的沙尘暴。

生：我画天上飞的风筝。

生：我画没有扇动翅膀的小鸟。

师：是风吗？

生：因为有风，小鸟才能滑翔。

师：你真善于观察。

生：我画被风吹起的塑料袋。

生：我画船上鼓起的帆。

师：你们说的都是风。其他同学想怎么画？快把你的想法告诉身边的小伙伴吧！听的同学记住，如果他画的是风，请竖起大拇指夸夸他。（生交流完后）你的伙伴画的是风吗？

生：是风！

四、猜风

师：你们都是爱动脑筋、善于观察的孩子。我奖励你们一个谜语吧！（多媒体出示：解落三秋叶，能开二月花。过江千尺浪，入竹万竿斜。）

生：（读）是风！

师：光猜出来不算本事，还要讲一讲你从哪儿猜出来的。

生：我从“解落三秋叶”看出来的，风把叶子吹掉了。

师：你说得多好，不仅说明白了从哪儿看出来的，还解释了诗句的意思。那么，谁知道这是什么风？

生：秋风。

师：对，秋风扫落叶。谁接着说？

生：我从“过江千尺浪”看出来的。风把江里的浪花吹起来了。

师：也可以说，风把江里的浪头掀起来了。

生：我从“能开二月花”猜出来的，春风把二月的鲜花吹开了。

生：我从“入竹万竿斜”猜出来的。风一进到竹林，许多竹子都斜了。

师：看来，的确是风。是风，把秋天的树叶——

生：吹落了！

师：是风，把春天的花朵——

生：吹开了。

师：是风，把江上的浪头——

生：掀起来了。

师：是风，把竹林里的竹子——

生：吹斜了。

师：风多有本事啊！这是一首谜语诗，诗的名字就叫《风》，让我们美美地朗读一遍吧！

五、写风

师：我还知道一首写风的诗呢，可惜只记得几句，有几句忘了，你们能帮我补充上吗？（多媒体打出，生读）

风

窗外的风在呼唤着我，

我问："风啊，你在哪?"

小树说："在我的舞蹈里!"

风铃说："在我的歌声里!"

风筝说："在我的翅膀下!"

________说："________________"

________说："________________"

________说："________________"

我终于找到了!

(生在纸条上补充写。)

师：大多数同学都写完了，谁来读一读，让大家欣赏欣赏?

生：(读) 花朵说："在我的芬芳里。"

大海说："在我的浪头里。"

树叶说："在我的声音里。"

生：(读) 红旗说："在我的飘动中。"

纸片说："在我的肚皮上。"

小雨说："在我的前面。"

生：(读) 白云说："在我的怀抱里。"

小鸟说："在我的翅膀下。"

沙尘暴说："在我的破坏里。"

……

师：谢谢大家，你们在帮我的同时，也作了一首诗，真了不起！大声朗读一下自己的诗吧！因为你已经是个小诗人了！

走对教育的步伐

我们的老师，坐在学科的井里，看不到教育的天。我们常常忘了自己除了是某个学科的老师外，还是人的教育者。没有人的情怀，老师是做不好的。人成长了，完善了，教育才会完善。人对了，一切才会对。

优雅的老师

——课堂教学中的优雅

老师的优雅，有时候仅仅一个小节就能表现出来。

我喜欢优雅的老师。

教二年级学生写字，老师先示范写。一个老师一口气示范写了 4 个字，然后让学生来写；另一个老师示范一个，让学生写一个，再示范一个，学生再写一个。我觉得后者更优雅，她示范写字是真想给学生看的，第一个老师只是想给评委看。

也是教学生写字。一个老师示范写完之后，说："请同学们快速写两个!"另一个老师示范写完后，说："请同学们认真练写，这两个字虽然简单，但是不对称，写的时候要注意。"我觉得后者更优雅，她是真教学生写字，学生也真能写好，第一个老师只是在赶时间，学生匆匆写完，怎么会有收获?

学生有时候会说出让老师吃惊的话。

一个老师教学人教版教材二年级上册《我是什么》一文，她问学生："水娃娃的脾气你喜欢吗?"学生大多数都说喜欢温和的水娃娃，一个小孩站起来说："我喜欢暴躁的水娃娃，它很可爱。"书上说水暴躁的时候会淹没庄稼，冲毁房屋，给人们带来灾害。

老师一愣，接着说："小朋友暴躁很可爱，水暴躁起来可爱吗?"

一个老师教学人教版教材二年级上册《浅水洼里的小鱼》一文，她问学生："小鱼和小男孩之间发生了什么事?"一个小孩说："小鱼和小男孩之间发生了爱情故事。”实际上故事写的是小男孩把浅水洼里的小鱼送回大海。

老师微微地笑了，说：“这样说就更好了：小鱼和小男孩之间发生了一个关于爱的故事。”

我觉得教《浅水洼里的小鱼》那个老师更优雅。她没像听课的老师一样见笑，而是巧妙地帮助小孩换了一个更准确的词语；教《我是什么》的老师，一下子发现了学生的问题，却没让学生自己充分地说说理由，说的过程中虽然自己认识到暴躁并不可爱，却说“小朋友暴躁很可爱”，这话同样会让不少学生吃惊。

教学人教版教材五年级上册《圆明园的毁灭》一文，读到最后，老师把学生又拉回到写“昔日的辉煌”那一部分，依次再读，每一句后面加上“没有了”“也没有了”“都没有了”，读得学生心潮澎湃，义愤填膺。然后她说：“如果有机会去北京，请你一定亲自去看看圆明园的废墟，那里的一草一木，一砖一石，会告诉你更多的事情。”

教学人教版教材四年级上册《那片绿绿的爬山虎》一文，读完了，老师问：“你们还有不懂的问题吗?”一个学生问：“为什么作者说 15 岁时的那个夏天意义非凡?”一个学生问：“为什么说他好像知道或者模模糊糊地懂得?”“‘堪称楷模’是什么意思呢?”顺着这些问题，讨论深入到了做人和作文的层面。

人教版教材六年级上册《最后一头战象》一文选自沈石溪的动物小说。课文学完了，老师说：“沈石溪曾说过，美好的情感并非人类专有，在特定的环境下，许多动物也会表现出可歌可泣的高尚情怀。”她一口气给学生推荐了 6 本动物小说，并在大屏幕上用显眼的文字打出了书名。

这几个上课的老师，我觉得都很优雅，有那种“人师”的风度。

不　问

——羞愧最难面对的是追问

列宁 8 岁的时候，在姑妈家和表哥表姐玩，不小心把姑妈的花瓶碰到地上，打碎了。姑妈问：“是谁把花瓶打碎了？”大家都说“不是我”，列宁也小声说：“不是我。”姑妈笑着说：“那一定是花瓶自己打碎的。”

姑妈不再追问。几天后，她收到小列宁的一封道歉信。

很多年后，列宁在郊外养病的时候，发现公园里那只胸脯深红的灰雀不见了。他看见一个小男孩，就问：“孩子，你看见过一只深红色胸脯的灰雀吗？”男孩说：“没……我没看见。”列宁说：“一定是飞走了或者是冻死了。天气严寒，它怕冷。”列宁说：“多好的灰雀呀，可惜再也飞不回来了。”

列宁不再追问。第二天，列宁来到白桦树下，果然又看到那只灰雀欢蹦乱跳地在枝头歌唱。那个男孩站在白桦树旁，低着头。列宁微笑着说：“你好！灰雀，昨天你到哪儿去了？”

究竟列宁写了一封怎样的信，小男孩是怎样决定把捉到的灰雀放回来，故事里统统没有写。可是我知道。

列宁用稚嫩的笔写道：

姑妈，花瓶是我碰倒打碎的。您问的时候，我很害怕会受到您的责骂，说了谎。可是您并没有准备责骂谁，不管是谁打的，您都准备原谅。我为自己的懦弱感到羞愧，也从心底爱您的慈爱和宽容。您能原谅我打了花瓶，但是我不能原谅自己欺骗您。我的心里很难受，已经骂了自己一百遍，姑妈，我错了，请您责骂我吧！打我也行！

那个小男孩看着灰雀这样想：

灰雀，灰雀，我喜欢你，可是我不该捉了你。你知道吗，有一个爷爷（不知道列宁有没有这样老）看到你不见了，心里有多惦记。他以为你飞走了，他怕你冻死了，他见不到你很难过，他那么爱你！明天我就放你回到公园里，让他放心！

两个故事，我今天忽然一起想起来。是两个故事都关于诚实？不是，我在两个故事中都感受到了爱。我看到长大后的列宁，和他 8 岁时候的姑妈，隔着长长的光阴，会心一笑。列宁在小男孩的身上，看到了自己的童年，还是在自己身上，看到了往昔的姑妈，都让人无限神往。那一刻，我想说：不问善哉！不问美矣！

爱总是在这些细碎的小事中，扮演着人间最美丽的角色。列宁和姑妈，在孩子的羞涩当中，看到人性本善的光辉，他们微笑着，等待它自己寻找到正确的路径，回家。羞愧最难面对的是追问，而他们不问，我替 8 岁的列宁和小男孩，长长地舒了一口气。

“是真的吗?”

——如何追求作文的真实

读罢《小学语文教师》2001年第6期《“是真的吗?”》一文，不由得想起了上小学时一次作文课的情景。那时我的语文老师认真地审完我的作文，也这样问了我一句：“是真的吗?”

如果没有过这样巧合的体验，如果听到这话时的我是教师而不是学生，那么，我一定会为赖正清老师拍手叫绝的。可是，真的，让我至今还记忆犹新，“是真的吗?”曾经深深地刺伤了我幼小的心，使我对那位很认真的老师，从此没有了好感。

那是一篇写小动物的作文。我写的是一只农村里常见的土色的小鹌鹑，那是童年的我唯一的宠物，它是母亲在地里锄草时无意中捡到的，当时它还不会飞。现在想起来，它并不俊俏，但的确很可爱。我们把它养在柜子底下。随着小鹌鹑羽毛的渐渐丰满，它的小黄嘴不仅硬朗起来，也灵巧起来，一把葵花籽扔给它，过一阵就抛出一堆皮儿。它的歌声也亮起来了，蹦来蹦去，偶尔还飞一小段地跟在人的后面，叽叽叽地。我真担心它会飞走，让母亲给它剪了翅膀。它似乎已经习惯了与人的生活，尽管门总是忘了关上，它却从没离开过屋子。就是这样一篇饱含着我纯真而朴素的情感的短文，换来的却是老师怀疑的目光和严肃的询问，或许是写得太好了，也许是太超出我的水平了？我一肚子委屈，小声地跟老师辩解：“真的，是真的！不信……”尽管如此，老师还是不置可否，不但没把它当范文读，对我的这篇心爱之作提都没提一句。

它似乎已经不存在了。

我心中刚写完作文时的那种欣喜荡然无存了。不记得同学们是怎样看我的了，只记得我再也不愿跟这位老师交流了。

由此，我想到了我的另外一位语文老师，对他充满了无限的敬意和深深的思念。

他是谭国君老师。他教我的时候，我读初三。我那时很爱想象。老师让写一个人，我塑造了一位近乎完美的农村大娘的形象。她朴实、善良、勤劳、豁达，那是电影中的人物，是我心中的人物。发下作文时，我看见鲜红的、大大的“98’赫然于纸上。在作文后面，还有一段至今难忘的评语：“你很富有想象力，语言流畅，感情朴实真挚。如果继续努力，定会胜人一筹!”我兴奋得不敢看老师的眼睛，怕那里的笑意淹没了我。这一次，谭老师明明看出我写的是假的，却是这样褒奖了我!

因而我想到，作文的真实是必须要求的，它是文章的生命，但是非要问个“是真的吗?”似乎还未必。试想，当学生兴致勃勃地说的时候，当学生盼望着老师一句鼓励、一句表扬的时候，老师一句“是真的吗?”，说得多么不是时候！我不敢为“是真的吗?”叫好。追求作文的真实，应该有更好的路子可走!

短　笺

——朋友之间最浪漫的事

小松鼠想和小熊做朋友，就写了一张纸条：“祝你快乐！”

小熊也想和小松鼠做朋友，就回了一张纸条：“祝你幸福！”

两个朋友每天都这样纸上往来，没有短信，没有电话，就是这样短短的信笺，靠风筝和纸船传递。

他们还会写什么呢？我愿意无尽想象——

有一天，小熊写：“小松鼠，山下的野花开了，蜜蜂的蜜酿出来了，我请你吃甜甜的蜜。”

小松鼠回：“谢谢你！我明天就下山。”

有一天，小松鼠写：“小熊，白云歇在山上了，你要不要一起看？”

小熊回：“好的，我一早就上山。”

有一天，小松鼠写：“小熊，我喜欢你！”

小熊回：“小松鼠，我也喜欢你！”

有一天，小松鼠写：“小熊，我爱你！”

小熊回：“小松鼠，我也爱你！”

有一天，小熊写：“小松鼠，我很想念你。”

小松鼠回：“小熊，我也很想念你。”

……

我读《纸船和风筝》，最喜欢这样笨笨的做法，这是我能想到的最浪漫的事情。

即使吵了架，也可以像小松鼠一样写："如果你愿意和好，就放一只风筝吧。"

我替小熊写一封长长的信，写满风筝的身子和翅膀：

"亲爱的小松鼠：这些日子里，我没有放起一只风筝，可是我每天都做一只风筝，挂在树枝上。每一只风筝都是我对你的思念。我做一只蝴蝶风筝，我多想变成蝴蝶，飞到你的身边；我做一只燕子风筝，我多想变成一只燕子，在你的耳边呢喃；我做一只蜈蚣风筝，你看了一定觉得好笑吧？我做一只树叶风筝，你会觉得我的手好巧吗？做风筝的时候，我的心里都是你，只是你看不见。我多想和你永远都是好朋友，永远，可是我不好意思这样说。没有你的日子，我过得一点也不开心。小松鼠，你知道我看到你的信都哭了吗？你知道我看到你的信都笑了吗？谢谢你，我的朋友，如果有一天我们见面，我一定先抱抱你，再亲亲你，然后，爱你！"

傍晚，天边的云霞烧得红彤彤的时候，小熊把风筝放起来了，飘呀飘，飘到了小松鼠的家门口。

当我这样想的时候，一缕怀旧的情绪，开出了寂寞一朵。

一样相思几样开

——读《嫦娥》有感

相思之花，多在夜里静悄悄地开放，月夜里开，雨夜里开。长空暗夜，因了她的开放，陡然有了穿越千古的力量。只是无情的人一生也难以得见，她的百媚千娇，美丽容颜。

一样相思几样开？

云母屏风烛影深，长河渐落晓星沉。

嫦娥应悔偷灵药，碧海青天夜夜心。

《嫦娥》如一朵紫玫瑰，开得沉郁郁。诗人是写嫦娥吗？他看不到嫦娥的美丽，看不到嫦娥的寂寞，他看她的心，看她心中的悔。偷灵药飞升广寒嫦娥可有悔？这悔该有多悠长？月无尽时，悔无终日；这悔该有多彻骨？夜夜独饮，刻刻煎心！一颗怎样的心灵，才能理解这样刻骨衷肠？一个怎样的人儿，才会坐落星河，暗淡烛光？此情此心，唯月中嫦娥可比拟。那遥远的嫦娥如何让诗人内心泛起微波？你说他歌咏意中人的私奔，我说他喟叹主人公处境的孤寂，他说咏嫦娥另外有所寄托，这朵沉默的紫玫瑰，大家都看她开得忧郁，却猜不透她的心理。虽有《嫦娥》之题，却是名副其实的《无题》。

我听三年级的小孩说，这首诗写嫦娥思念丈夫后羿。还是小孩简单，他们还没有学会相思，不懂得含情脉脉，一个故事诠释一首诗感觉绰绰有余。即使听着童真的吟咏，没有忧伤没有寂寞，却有些许的欢愉，我也看见一个孤独的影子，在烛光中明灭，那黑夜中的眸子，看着天宇中长河渐落，晓星沉没，直到天光照亮黑色的眼睛，把眼中思念的影子，一点点，一点点拉长，长得攀上了开满鲜花的月亮。我愿意无尽想象，思念的那一头，曾经怎样在这双眸子里面，美丽绽放。

就像我读“曾经沧海难为水”，我愿意相信，这世上有一种人情深似海；

就像我读“取次花丛懒回顾”，我愿意相信，这世上有一种爱无可替代。

李商隐，一首《嫦娥》，好像什么都说了，又好像什么都没说。是不是因为他知道，这个世界上，最难寻觅的是知音，所以，对知音，他什么都不必说，对别人，他什么都不想说？

世界上只有两种颜色

——谈用词的极致

如果我说世界上只有两种颜色，凡是不色盲的人都会笑，他们一定说：怎么会？

当然，怎么会？萧红的一段《火烧云》就写了多少种颜色啊，“一会儿红彤彤的，一会儿金灿灿的，一会儿半紫半黄，一会儿半灰半百合色。葡萄灰、梨黄、茄子紫……”即使这样，几乎写到词穷，她说“还有些说也说不出来、见也没见过的颜色”，可见颜色之丰富。

朱自清用了一篇文章写《梅雨潭的绿》，他惊诧于梅雨潭的绿，可是不管拿多少种绿来对比，甚至造出一个“女儿绿”，还是让你对梅雨潭的绿一塌糊涂。

绿怎么能写出来呢？

老舍写《林海》，在写到林海的绿时，他也发现了这个问题：“多少种绿颜色呀：深的，浅的，明的，暗的，绿得难以形容，恐怕只有画家才能够描绘出这么多的绿颜色来呢！”

这一点老舍很明智，就像那些前辈诗人。他们的诗中不乏描写颜色的情况，素常有名的颜色用了一圈之后，他们开始拣省事的写。看看下面的诗句，你不得不惊讶于他们裁剪语言的功夫。

满园深浅色，照在绿波中。

背岭花未开，入云树深浅。

澄青深浅好，最爱夕阳时。

深浅檐花千万枝，碧纱窗外啭黄鹂。

门前山色能深浅，壁上湖光自动摇。

阴阳深浅叶，晓夕重轻烟。

深浅松月间，幽人自登历。

万紫千红，到了他们眼里，就剩下了两个字：深，浅！“深浅”是多么富有想象空间的词啊，它只告诉你明暗色度，至于颜色，靠你的经验和想象自己填去吧。你读“满园深浅色，照在绿波中”，知道写的是杏花，那么这深就是深粉，这浅就是浅粉；你读“阴阳深浅叶，晓夕重轻烟”，知道写的是叶子，那么这深就是阴影下的暗绿，这浅就是阳光下的亮绿；你读“深浅松月间，幽人自登历”，知道写的是月影，那么这深就是松的影子，这浅就是月光了；你读“深浅檐花千万枝”，颜色可以由着性子想象，深蓝，浅蓝，深红，浅红，深黄，浅黄……只要你见过的颜色，都可以在眼前和脑海里尽情深浅。

只有两个字，它们就把你的经验统统调动起来了！这才是用词的极致！最简单的世界，是哲学的世界，这些诗人告诉你关于颜色的箴言：世界上只有两种颜色——深和浅。

深浅用在可感的事物上，不仅包括沟壑、河流、季节，还包括说话、做事、感情、涉世、笑容等好多方面。正因为它具有普适性，所以具有简洁性。

您是怎样想到的呢

我看大学视频公开课，暨南大学张世君老师讲《〈红楼梦〉的空间艺术》。

第一讲是《〈红楼梦〉的建筑图景》，她重点说了三双眼睛：林黛玉的眼、贾政的眼、刘姥姥的眼。透过林黛玉的眼睛，看贾府布局及其等级观念；透过贾政的眼睛，看大观园的建筑风貌及其园林艺术；透过刘姥姥的眼睛，看大观园的室内布置及其大家风度。课要结束时，张老师说："《红楼梦》中的建筑既是人物活动场所，又是小说的叙事结构，作者以园林艺术的空间思维方式，描绘故事发生环境，建立起《红楼梦》空间叙事的基础和出发点。居住是一种独特的人的活动，园林建筑担负起了住所的主要功能，它是贾府人生活空间的一个标志。"

她给学生留了几分钟提问时间。一个女孩问："张老师，您好！我想请教一个问题：当我读《红楼梦》的时候，我就只是按照它的顺序在读，我从来没有想过通过三个人物的三双眼睛，可以构建出小说叙事的空间结构。关于这一点，您是怎样想到的呢？"

您是怎样想到的呢？多好的问题！

张老师说："关于'一双眼睛'呢，是受到了一些启发。一个是脂砚斋的评价，一个是二知道人的评价。脂砚斋怎么说呢？脂砚斋说林黛玉进贾府是'目中极精极细的一描'；二知道人怎么说呢？'写大观园亭台山水，从贾政省功时见之'；一个是'目中'，一个是'见之'，都是说的眼睛，这是一点。但是他们说的时候，没有从空间叙事的角度来加以论证，因为他们的评点都是非常简洁的，就那么几个字一句话，我们对前人的只言片语要去琢磨，学会琢磨，结合我们当代人的思维方式来思考问题，提出我们的观点，这是一点。另外我们在读小说读文本的时候，我怎么把第三回、第十七回、第四十回这三次游园拎出来呢？就有一个方法——系统论的观点，我们看问题一定要有系统论的观点，系统论有一个原则——整体性原则，你用系统论的整体性原则去看，这三次游园，它刚好建构了这个小说的整体的建筑框架，就是从这里来的。当然，这是一个文字建筑的系统，它在用文字给你搭架子，搭房子的架子，然后搭了架子以后就要住人，住了人就要讲故事，人物就要在里面活动，是从这样子发展过来的。”

洋洋四百多字的回答。多好的回答！

本来是出于很随意的欣赏，来挑拣着听这样的大学视频公开课，没想到听到了如许精彩。

一分半钟，一个问题，一个回答。

最短促的时间，最深刻的问题，最认真的回答。

您是怎样想到的呢——你在课堂上听到过学生提出这样的问题吗？你在培训会上听到过老师提出这样的问题吗？你自己可曾提出过这样的问题吗？不止于听讲，不止于喜欢，不止于欣赏，不止于佩服。还要进一步自问：我怎么没有想到呢？他是怎么想到的呢？这样的灵感不是谁都可以捕捉到的。最难学到的，是一个人思维的方式，以及思维的角度。

我是受了一些启发——总是有外物的触动，才会有内在的思维。老师那样清晰地把自己的心路历程展现出来，给学生的何止是一个答案！她告诉学生的，不仅是灵感的来源，更重要的是如何培育灵感这枚稍纵即逝的种子，使其发芽长大。我从来没有听到一个人，把自己的思维过程如此明白的讲述出来。这是怎样的一种示范，她给学生的，不是一个自己的发现，而是发现的方法。这就是“授之以渔”啊！

一问一答。

从学生身上，可以学到听讲的态度。

从老师身上，可以领悟读书的方法。

荷，荷，荷花的荷

有人说起一首诗。

这首诗的名字叫《村小：识字课》，只有读完了全诗，你才发现诗人高凯的幽默在哪里：

蛋　蛋　鸡蛋的蛋
调皮蛋的蛋　乖蛋蛋的蛋
红脸蛋的蛋
马铁蛋的蛋
花　花　花骨朵的花
桃花的花　杏花的花
花蝴蝶的花　花衫衫的花
王梅花的花
曹爱花的花
黑　黑　黑白的黑
黑板的黑　黑毛笔的黑
黑手手的黑
黑窑洞的黑
黑眼睛的黑
外　外　外面的外
窗外的外　山外的外　外国的外
谁还在门外喊报告的外

外　外——

外就是那个外

飞　飞　飞上天的飞

飞机的飞　宇宙飞船的飞

想飞的飞　抬翅膀飞的飞

笨鸟先飞的飞

飞呀飞的飞……

这一定不是诗人的创造，当识字课的声音传到他耳朵里的时候，他一定是觉得那整齐的童声好玩来着，或者是那些信手拈来的土话、人名、词语混搭好玩来着，一边走，脑海里一边回响，久久不散去，响着响着突然间他发现了这里面的诗意，带着浓浓土腥味儿的诗意。像那个守株待兔的宋人，他白白地捡了一首诗，乐颠颠地拎回去了！但是你不能学他，这样的事纯属偶然。就连那个村小的老师也想不到，教学生五个眼前的汉字，教了诗人一首诗。

我读着这首诗，忍不住地笑了。那些跟着老师吟诵的黑黑的窑洞里的小孩，一定也是满面笑容的，当他们听到熟悉的名字也走进了词语，被大家唱着说出来，还有那些天天挂在口头的话，一定是喜笑颜开的。汉字多么好玩，它一刻都离不得人呢！

我之所以笑，还因为想起了同样的一句话，被当作笑话传说。曾经有个同事，人们善于讲她的故事，最经典的就是教小孩组词，就是这一句：

"荷，荷，荷花的荷！"她领读。

"荷，荷，荷花的荷！"小孩跟着读。

这是一个教研员听课，当作反面例子来提出的问题，批评她教学刻板可笑，虽然她如那个诗里的老师，严肃认真一本正经地教，一点也没有笑。当时听批评的，还有好多这样的老师，到他们的课堂上，你会听到类似的声音：

"爱，爱，可爱的爱，爱憎分明的爱！"

"人，人，人们的人，人山人海的人！"

"春，春，春天的春，春夏秋冬的春！"

……

小孩乐此不疲，没有老师领着的时候，他们自己读字组词也这样抑扬顿挫地唱。只有诗人和孩子，才能发现这里面的美感和童趣。

人对了，一切才会对

参加一个关于新课标的活动，在广州东莞。其间，有作家赵丽宏和上海电视大学中文系教授鲍鹏山的讲座。赵丽宏的多篇散文被选入中小学语文教材，这次他的讲话就安排在他的作品《望月》一文教学之后，而对传统文化颇有见地的鲍鹏山，主办方给他的题目是《孔子的语文之道》。

作家谈自己的作品，教授谈传统语文，我觉得这已经是一个目光的飞跃，终于可以有一个大的视野了，那胸怀的开放让人颇感期待。

意外的是，听到了另外一番话。

鲍鹏山不讲“孔子的语文教育”。他说，“语文”出现得太晚，孔子时代还没有这个词语，所以他只讲孔子怎样当老师。

孔子为什么当老师？他说仅仅有知识是当不好老师的，孔子说的“三十而立”不是独立，而是有了价值观，有了判断标准；“温故而知新，可以为师矣”，讲的则是对事实的认知叫知识，知新则针对的是价值判断。孔子发现，世上大多数坏事是小人做的（趣味、胸襟、眼界分不开的），不是坏人做的。

孔子给学生教什么？他说，《论语》就是孔子学生回忆老师讲过的话，读一读就知道了。孔子没给学生讲什么。如果你只会教学生知识，老师根本没有必要存在，因为你不是知识来源唯一的依赖。他在《警惕知识》一文中说，知识之可怕，还不仅仅在于它的“无限”，还在于某些知识的“无用”，而无用的知识往往“无聊”。孔子知识不多，知识量比不上不少小学老师，既然这样，是什么让孔子比我们厉害？判断力！四十不惑，是知道是非善恶，教能力比教知识重要得多。一个人的核心能力不是记忆力，而是判断力。

孔子拿什么来教？他结合听到的两节课，一节以幽默著称，说大人用狡猾的方式诱骗小孩子也不为过；一节以表演见长，教师能将静静的《鹅》，演得五彩缤纷，比如用身体扮鹅，用声音模拟鹅的叫声，那般滑稽和游戏，只见一群鹅在引颈叫嚣。鲍鹏山说，他没想到小学的课已经达到了这样高的艺术境界，好得有些恐怖！他还说分析课文的课，让人觉得恶心。他的词汇不可谓不丰富，不可谓不优美，如果你读他的《中国人的心灵》，或者读《风流去》，可是他还是选择了“恐怖”和“恶心”，并且把这两个词写在他的脸上，让它们表达他内心强烈的情感。

他说，教育就是唤醒，这样的教育才能赋予我们体面，以及职业的自豪感。

赵丽宏说的真话，跟鲍鹏山有些不同。鲍鹏山有愤世嫉俗之感，他则娓娓道来，绵里藏针，颇耐人寻味。他写的《望月》被上课老师解读得美轮美奂，江中月、眼中月、心中月，过去月、现在月、未来月，散文月、诗歌月、童话月，千江有水千江月，月月含情，月月有意。赵丽宏说，他的《望月》就写了一段真实的故事，写的时候他没想到这么多。

他说，对于书的选择也是对人生的选择，好的教师应该把学生引向更开阔更幽深更明亮的世界。最划算的事情，是读那些有价值的书。一天或几天就可以读作者一生的追求，这样的经验在人生中多一点，一定会有丰富的体验。一个人精力有限，知识来源最重要的渠道是读闲书。闲书不闲，智者智慧。他上小学除了玩就是读书，一个暑假读 58 本书，不管多厚一天读完，现在回忆，阅读量最大的时候是少年时代，阅读改变了人生。他仿佛在谈自己，实际上他谈的是教育。

他们都不谈语文，不是不懂，而是真懂。这不是简单的旁观者清，而是居高者清。我们的老师，坐在学科的井里，看不到教育的天。我们常常忘了自己除了是某个学科的老师，还是人的教育者，没有人的情怀，老师是做不好的。人成长了，完善了，教育才会完善。人对了，一切才会对。

语文 70 分的孩子

一个语文 70 分的孩子，该让人多么泄气啊！我不厌听他父母叹气，说他不争气，斥责他不用心，就说，让我看看吧。

从那天开始，这个 10 岁的孩子每天跑到我家，跟我一个小时，写字，读书，作文。我写了范字，让他临摹，限定时间，20 分钟写字，开始他写得极慢，半个小时也完不成，且自以为是地写，东倒西歪，松松垮垮，我指出其写的好的字，在那下面画圈，几个圈得几分，和他一道分析写得不好的字。慢慢的，速度上来了，他知道观察字了，每天认真地数圈，看是否有增加，并自告奋勇地把写不好的字再写几遍，为了多得几个圈。一个星期后，他那如散放的羊一样的字，终于能够进得羊圈，守了规矩了，我心里一喜。

写完字，读一篇短文。出声读，读到基本没有错为止。他读书才是道道地地不求甚解囫囵吞枣，没有一句话不出错，全是想当然地顺下来，或者自作主张地缩减句子。比如“无论在什么情况下，都敢于坚持真理”，他读成“无论什么坚持真理”，剩下的字不知哪里去了。我就领着他读，让他重新读，渐渐地读出声的字多了，他藏起来的字少了，今天居然没错多少，又是一喜。读完了，或字词，或内容，或段落，或延伸，总是考查一下他的阅读理解能力，对字词的理解，他能搞出笑话，你问他“大名鼎鼎”是什么意思，可以换成哪个词语，他居然不看任何一个字，随口混说。可见其读书的潦草和习惯的荒疏。我就让他反复读有关句子，留意每个字的意思，才把他的眼睛拉到一个个汉字身上来。

写完字，说作文。我让他说，帮他打出来。这是最快捷地让他体会到成功的法子。孰料看到我把他的话打出来，他的兴趣来了，不停地要求另起一行，并且囫囵半片地说出了一些模糊的词，我帮他校正，他忙点头。我把他知道的事，让他说出来，他数着每篇作文的字数，颇为得意，声言不跟父母说，到时候写够 15 篇，给他们一个惊喜。今天我给他读了《给一个逃学孩子的信》，以书包的口吻写的，他听得格格直笑，让我再读一篇。我问他觉得哪里好玩，他说内容好玩，我说："以书包的口吻写，是不是也好玩?"他体会到了，嘴里说不出来，就连连点头。我给他一篇《小河的诉说》，让他来读，并说说小河说了几个意思？它讲它之前的清澈和现在的浑浊，到底想说什么？他答得竟然非常准确。我说："喜欢这样的写法吗？也想这样写一篇作文吗?"他赶忙说："好，好!"我看了看他身上脏兮兮沾满尘土的半袖，就说："让半袖给你写一封信，想想它会写什么?"不一会儿，一篇《半袖写给主人的信》就由他的嘴说出来了。

我终于忍不住要给你写一封信了，你还不知道我是谁吧？我就是你现在身上穿的粉绿色的半袖衫。

当时我在服装店的时候，你妈妈一眼就看中了我。那时候我可漂亮了，粉绿、麻灰、黑色相间的格子，前胸印着"C""G""&"三个金色的字母，后背上有三个运动员。你的妈妈买下了我，送给了你。

从此，我有了主人，我非常开心。你也非常喜欢我，把我挂在了衣架上。有一天你穿上了我，站在镜子前，看了看我，我也看了看自己，发现穿到你身上非常合适，把你打扮得比以前帅气了。

你高兴地穿着我出去玩。你跑着跑着，跑到一条河边，跳到了石头上。你没站稳，差点掉下去，幸亏你一跳，跳到了对岸。你又跳了一次，可是这次，有一个人在背后推了你一下，差点跌到了水里，水珠喷到了我身上，我感到凉丝丝的。

有一天，你穿着我和好朋友一起玩打水仗的游戏，别人的水都喷到了我的身上，我一会儿就湿了。回家后，你把我洗了，把我晾到了晾衣竿上。那天晚上，我休息得很好，我觉得你真是爱我的小主人。

可是现在，你和我都变了。

你看看现在的我，全身脏兮兮的，两个袖子变成了土色，肩膀上的肩牌掉了一面，就在肩上摇来摇去，像一只兔子的耳朵，我以为我又长出一样新东西，缝肩牌的地方，出现了一个洞，透过洞，可以看到你的肉。你妈妈把我缝了一下，可是没过多久，又变成兔子耳朵了。并且不是一个，而是两个。可是你再也不像以前了，我这样脏，你也不洗了，你不在乎我了。

小主人，请你收到信后，把我洗得干干净净，把两只兔子耳朵缝好，我还想变成以前的我，把你打扮得更加帅气。

你的脏兮兮的半袖衫。

写完了，读一遍，忙忙地要了我的QQ，说回去加我，让我把他写的作文都给发过去。他终于忍不住要提前向父母炫耀了。

一个小时做了三件事，件件有收获，这效率多高啊！孩子还很高兴！他说，我喜欢这样学语文。这个语文70分的孩子，不知怎么的，让我在高兴之余，颇感忧虑。不了解他之前，刚接触他之前，我以为是他的不用心，可是这样看来，到底跟孩子有多大的关系呢？他已经该上四年级了，前三年，他在语文课堂上，到底养成了怎样的习惯，培养了什么兴趣呢？除了他认识了不少字，是我看得到的，其余的，似乎就没有多少了。他天真烂漫，思维敏捷，喜欢被表扬，这一切，如果看那70分，无论如何也看不到啊。

倾听程郁缀

北大中文系教授程郁缀，讲的是古代诗歌。从《诗经》《楚辞》，到建安词、六朝诗、唐宋诗，有面，有点，重点介绍诗人和代表作品。

他让所有人都关掉手机，偷得浮生半日闲，静静地听上半天的课。然后才开始从中国的河流开始，到诗歌中的“百川东到海”，打开他如河流一样恣肆的语言的汪洋。

他不需卖弄，空间上跨越千万里，时间上打通几千年，通畅开阔；他不需刻意，体态语言挥洒淋漓，一支笔，两块黑板，洋洋洒洒写了，擦了，又写满。

听他对诗歌的朗诵，浓重的江苏口音，忽然对普通话的朗诵生出厌倦，那才是诗歌的韵味，生生地再现了诗人的情感。

他诙谐得自然酣畅，文人做派，诗人风度，兴致上来，自己笑得抑制不住，手不自觉地拍着桌子。下面一阵阵的笑，一阵阵的掌声。

听他讲课，你觉得他就是诗歌的化身，时时处处，信手拈来，生活小事，逸闻趣事，都是诗一样的动人。

他那样地把诗歌、诗人的魂，展示在你的眼前，然后，说他自己总结的名言。他说名言不都是名人说的，他不是名人，但他有名言。

说到屈原，他说：“恋土情感，是屈原的第一个精神，他的第二个精神就是‘上下求索、九死不悔’，第三个精神是‘纯洁自己、一尘不染’。”他说：“热爱家乡情感是热爱祖国的基础。”

说到曹操，和他的《观沧海》，他让我们和他一起重新过一次童年，一起朗诵“日月之行，若出其中，星汉灿烂，若出其里”。然后他说：“大气才能成‘大器’。”

说到杜甫，和他的《茅屋为秋风所破歌》，他说：“想着他人，乃天地第一等学问，在人的所有素质中，善良是第一等素质，是人生图画最亮丽的底色。”

说到陶渊明，和他的无弦琴，“但识琴中趣，何劳弦上声”。他说：“快乐是一种感觉，也是最好的礼物。”

说到“千岩万壑不辞劳，远看方知出处高”，他说：“一个人出处要高，否则难免下流。”

他说：“在人与人的交往中，一个人如果真正能够做到忘我，那么他就永远不会被别人所忘记。”

他说：“一个人生活在别人的回忆当中，这样的人该有多么幸福，思念别人和被别人思念，都是幸福的。”

他说：“一个人如果只为自己做事，做成事，做成好事，做成大好事，那是才，那是能，那是才能；一个人为他人做事，做成事，做成好事，做成大好事，那才是德，那才是行，那才是德行。”

他说：“第一等的人，是杜甫那样宁苦身以利人的人。我们虽不能至，然要心向往之。”

程郁缀，他讲的是纯粹的语文课。可是你读懂了，该上什么样的语文课，该当什么样的语文教师，他是那么生动而且形象地诠释了语文课，以及师者气象。他一个字也没讲语文教学，他用他的教学告诉你，最大的教学法就是爱，作为教师，主要的天赋就是爱，有了爱才能倾注心血。

无法预约的精彩

人教版教材四年级下册的《鱼游到了纸上》这篇课文的作者是谁，应该是一个无关紧要的问题。课堂上之所以提到这个问题，纯属一次偶然。

在教材辅导会上，我作了两节示范课，课题就是《鱼游到了纸上》。读书汇报中，几个孩子总是说“小作者怎样”这类的话。我一边听他们汇报，一边想着怎样处理这个明显有误的问题。因为显而易见，课文的作者不是“小”作者，而是一位老人。

于是，在课即将结束的时候，出现了这样的教学情景：

师：在汇报中，许多同学提到了本文的作者，并且说是小作者，那么作者是谁呢？

生：（看插图）我认为，作者是聋哑青年旁边的小姑娘。

生：是那个头发花白的老爷爷。

生：是人群中的那位青年人。

师：大家的看法不一致，到底是老人，是孩子，还是青年呢？请同学们在课文中找一找依据吧！

生：（读书交流后）是那位老爷爷！我从“去茶室喝茶”这一点看出来的。老年人是喜欢喝茶的。

生：我也认为是那位老爷爷。“好骄傲的年轻人”这句话，应该是老人的口吻。

生：另外，从书中的插图也能看出，是那位老爷爷。你们看，他很认真地观察着聋哑青年，那赞许的眼神表明他很喜欢这个小伙子。

师：同学们真了不起！能从字里行间和插图中找到依据。我也很赞同你们的看法。是呀，老人怎能不喜欢这样的好青年呢？因为虽然命运对他是那样的不公平，让他永远生活在无声的世界里，可是他身残志不残，你看他，不仅有自己的工作，还有自己的兴趣爱好，生活得多么充实，多么有意义。知道了作者是谁，同学们再读课文，相信你们会有更深的体会，把课文读得更好。

这一教学过程，成了教学中的一个亮点，掀起了教学的又一个高潮。这是听课老师没想到的，也是我始料不及的。我及时捕捉到了挑战学生智慧的机会，激发起了学生强烈的好奇心，引导学生在读书中感悟、思辨，打开了学生与作者交流的另一扇窗子。在探究中，不仅培养了学生认真读书的习惯，还使学生对作者有了一种认同，拉近了学生与作者的距离，真正做到了感作者之所感。

更巧的是，不久以后，我又一次上了这一课，也是讨论“作者是谁”这个问题。开头的情形是极为相似的，接下去就大相径庭了。

生：我认为是那位老爷爷。因为……（大多数同学也赞同）

生：我觉得是那个青年，书中说“挤”过去，而插图中这个青年就是挤在人群中的。

生：青年人是不喜欢喝茶的，再说，他也不可能称同龄人为“年轻人”。

生：年轻人为什么就不能喜欢喝茶？

生：我补充一点：课文中写观鱼的有老人，有小孩，还有青年。这“青年”写在最后，也说明作者是年轻人。

……

讨论变成了争论，学生们各执一词，兴味不减，谁也说服不了谁。我惊诧于他们敏锐的语言感悟能力，赞叹他们敢于发表独到见解的勇气，可作者是谁毕竟不重要，我趁机话题一转：

师：同学们，你们说的都有道理，连我也不能判断到底哪一个结论是正确的了。不过，我们可以这样想，假如像大多数同学所说的，作者是那位老爷爷，我们该给编辑同志提点什么建议呢？

生：告诉他，老爷爷应该画在人群之中。

师：那么，我们现在就给编辑写一封信吧。想想怎样把我们的争论和建议写清楚，想好后先练习说一说。

学生通过练习说，相互补充，信很快就写好了。这一教学过程又一次成了教学中的亮点，同样也掀起了一个教学高潮。

之所以这样做，是明白有时候答案往往不是最重要的，过程才是更值得关注的。能让学生议论纷纷、细心读书，能让学生为表达而说、为需要而写，能引发探究、培育创新能力，才是语文教学千呼万唤渴望出现的景象。在这里，我没有任由学生无休止地争论“作者是谁”这一暂时没有结论的话题，而是话题一转，在看似“山穷水尽”之处，引出“给编辑提点建议”这一问题，鼓励学生敢于挑战教材，把教材与生活结合起来，把讨论和表达结合起来，才有了令人叫绝的“柳暗花明”。

反思这两次没有预约的精彩，我对“学生作为一种活生生的力量，带着自己的知识、经验、思考、灵感、兴致参与课堂活动，并成为课堂教学不可分割的一部分，从而使教学呈现丰富性、多变性和复杂性”这句话，有了更深的理解。我明白了，教学是预设和生成的矛盾体，预设的目标在实施的过程中，需要开放地纳入直接经验、弹性灵活的成分以及始料未及的体验。有了教学中师生互动中的即兴创造，教学才会成为一种艺术，才会充满生命的气息，也才会出现不曾预约的精彩。

该向燕子妈妈学习什么

菜园里，冬瓜躺在地上，茄子挂在枝上。

屋檐下，燕子妈妈问小燕子："你能不能飞到菜园里去，看看冬瓜和茄子长得一样不一样？"

小燕子飞去了，回来说："妈妈，妈妈，冬瓜是大的，茄子是小的。"

燕子妈妈说："不错。可是，你能不能再去看看，还有什么不一样？"

小燕子又飞去了，回来说："妈妈，妈妈，冬瓜是青的，茄子是紫的！"

燕子妈妈点点头，说："很好。可是，你能不能再去认真地看看，它们还有什么不一样？"

小燕子又一次飞去了，回来说："妈妈，妈妈，我发现冬瓜的皮上有细毛，茄子的柄上有小刺呢！"

燕子妈妈高兴地笑了。

这个故事的名字叫《燕子妈妈笑了》。想起这个故事，是因为一节课。人教版二年级上册语文园地四的"我会写"一课。老师是怎样做的呢？

师：这是什么地方啊？

生：是动物园。

生：是猴山。

生：是假山。

师：图上画的是什么呢？

生：猴子在做游戏。

生：猴子在往高处爬。

师：说得对。你们能不能再仔细观察，多说几句话？

生：有一只猴子在玩滑梯，它一下子从假山上滑了下来；还有两只猴子在捉迷藏，藏的那只猴子紧紧贴着假山石，上面的猴子往下看，怎么也看不到它。

生：一只老猴子坐在假山最高的地方吃水果，一只小猴子往上跑，说："给我吃，给我吃！"小猴子真馋啊！

师：好，比原来说得多了。我发现你们都说猴子，这是为什么呀？

生：我喜欢猴子。

师：哦，喜欢那就多说说。能不能说说你最喜欢的猴子啊？

生：我最喜欢坐在假山底下的两只猴子了，它们好像是妈妈和孩子，妈妈用手在孩子的头上找着什么，小猴子歪着头，好像很舒服，还笑眯眯的呢！

生：我最喜欢……

我听课的时候，就有一种似曾相识的感觉：这个老师的做法和燕子妈妈哪点相似呢？

小孩子的观察是粗浅外露的，他们容易看到一眼看得清的特点，比如南瓜和茄子的大小，图上小猴子们群体的情态，这种观察带来的语言当然就是简单的描述了。面对孩子这样的初次观察所得，她们都给予了肯定，但又提出新的要求，让他们的观察从粗到细，从旁观者的冷漠到情感的参与，随着观察的细腻和心理体验的深入，学生的语言也随之丰富充盈起来。

让一、二年级的孩子写几句话，好多老师常常抱怨孩子们的语言简单，我想，简单的不是孩子的语言，而是我们没有给他们充分感知的过程，他们所见所思简单，语言怎么会丰富呢？这个老师和燕子妈妈的循循善诱，使孩子们的体验越来越真切，对所观察的对象越来越投入真情的关注，自然就发现了更多。

“能不能再仔细观察，多说几句话？”“能不能说说你最喜欢的猴子啊？”前者用“多说几句话”来加细学生的观察，但并没有局限学生的观察对象；后者是限定了观察对象，要求学生投入情感，让学生同小猴子建立情感上的联系，说的时候才更有情趣。

我想，不光是教低年级小学生写话，教他们别的什么，也应该是这样：给予肯定，付诸耐心。

为什么长大了才懂童年

有人让我为小学语文教材推荐两篇文章，我当回事地想。

想到了鲍尔吉·原野。有人说他的散文忧美。也对，也不对。当写到草原，写到蒙古这个民族，他的忧伤就如小溪一样流淌开来，那么美，不让你走近的美，你只可远远地看着。可是写到童年，他就一下子笑了，笑着讲所有的故事，小孩儿的神情和心思蓦然呈现在你眼前。

他写《甲虫戒指》。看着甲虫花大姐，想象它是一枚放在锦缎里的橙色带有黑点儿的宝石，花大姐飞走了，他的想象自己往前走——他想出这样的台词：

“——开价吧，夫人。”

“——五百万法郎。”

对于这样的报价，他的反应是——“我矜持地笑了笑，关上宝石的盒子。”多么傲慢多么优雅的动作！

他写《苹果籽》。他生来第一次得到苹果，吃下后得到了几颗苹果籽，神秘地种下了。在远离家的日子里，他想象：“我以为它们已是开满碎白花的苹果树。一次做梦，家属院小孩像猴子一样悬在苹果树的每一根树杈上，狂吃大笑，不听我的苦劝，竟哭醒了。”他还进一步想象：“我以为咱院的兔崽子每年都被苹果撑得满地打滚，像犯了羊角风。”

他写《小鱼》。幼时的他在墙上画满了小鱼，他写道：“我站在炕上，把小鱼一条接一条地从炕沿边的白墙上画到窗户边上，它们像箭头，一个跟着一个前进，永不掉头。接着画它们腹下的第二排，然后是第三排。鱼群在离我们家炕边三尺高的墙上庄严进军，比黄海或加勒比海汛期的鱼儿都要多。当你相信鱼的真实性之后，就无法怀疑墙乃是大海。多么宽广的大海啊。我常常坐在被垛上注视鱼群前进，为它们的气势所打动。然后，再使被垛这面墙也布满鱼群，当然它们是向另一个方向行进的。”

我读的时候，不停地笑，像个真正的傻子。我不是笑他干的事，是笑他的想法。他的脑袋里装着幽默的大海，淘小子的天真和大男人的诙谐不动声色地融为一体，有种说不出来的美，你只好冲着他笑，他也笑，为自己的狡黠得意洋洋地笑。

笑过了，我就想：都不是什么稀罕事，几乎每个小孩都做过，都想过，甚至比这更离奇更浪漫的想法都有，要是小孩儿都能把这些小事写出来，多好！可是他们写不出来，写出来的就像兑了白开水，温乎乎寡淡淡，不好玩也不好笑了。这是怎么回事呢？

我还是从鲍尔吉·原野身上找原因。他小时候能这样写出这些故事吗？我不便问他，但是我知道不能，最起码写不了这样好。

比如他写《甲虫戒指》，小时候他会说“台词”这个词吗？会用“矜持”这个词吗？连一角钱都视为财富的他，知道“五百万法郎”是多少吗？他从哪里学会这个词的呢？

比如他写《苹果籽》，连苹果都是第一次真看到的他，怎么会知道苹果树“开满碎白花”？他即使想到那些兔崽子吃苹果撑得满地打滚，也决计想不到恶狠狠又亲昵昵嘲笑他们像“犯了羊角风”，“羊角风”这三个字也一定是他后学的。

比如他写《小鱼》，更不可能了。他怎么可能知道他画的鱼“比黄海或加勒比海汛期的鱼儿都要多”，他怎么可能想到“庄严进军”和“气势”，那不是一个小孩子能驾驭了的感觉。

他走在童年的路上，尽着天性淘着他的气，想着他的心事，享受着天马行空的乐趣。有时乐趣不能全部概括，比如他戴甲虫戒指说的谎话，他跟小伙伴说给小虫子施了定身法，那是一个孩子即兴的吹牛；比如他种苹果籽时，是神秘又紧张的，像进行一个庄严的仪式，你知道他干这事时喘气都是急促的，远离“苹果树”时的焦虑是一个孩子所能承受的最大痛苦；比如他画小鱼，到处画，受到的训斥限制比得到的满足不会少多少。那么如果当时写出来会怎样呢？

不怎么样。

有人说，一定要多读书，这样才有消化生活的胃。生活在孩子那里，就像牛吃草一样，稀里糊涂地吞咽下去，他们还没有功夫反刍。靠什么反刍？一是读书，二是阅历。两者合起来才是消化生活的胃，缺一不可。等他慢慢地消化了童年之后，才品出童年的滋味。用一个有了“胃”的大人的目光看童年，突然就发现了那种懵懂，那种幼稚，那种天真，那种傻气，竟然透着逼人的美！

这时候再写，童年就被镀上了一层特别的色彩，幽默的人给它蘸上幽默，忧伤的人给它染上忧伤，怀旧的人给它涂上怀旧，欢喜的人给它一团欢喜，深情的人给它注入深情，味道就隽永起来，意味就深长起来了。

鲍尔吉·原野的童年，就让你在他一本正经的幽默调侃中，假装疯魔的打情骂俏中，情不自禁笑起来了！

“忘我”就是忘记了作者?

你可能不相信，如果不是亲耳听见，我也不相信——四年级的学生，会不懂得什么叫做“忘我”。这个词语在我们上学的时代，是经常响在耳边的。可是，我翻遍了小学语文教材，竟然就出现了一次“忘我”。甚至学生可能阅读到的书籍，也少见这个词语的影子。

人教版四年级下册课文《鱼游到了纸上》有这样一句话：“说他‘特别’，因为他爱鱼到了忘我的境界。他老是一个人呆呆地站在金鱼缸边，静静地看着金鱼在水里游动，而且从来不说一句话。”当老师请同学来谈谈对这个聋哑青年的认识时，一个学生说：“他爱鱼爱到了忘作者的境界。”老师一愣，问：“忘谁?”学生忙改口：“忘我。”

忽然想到另外一件类似的事情，教科版教材三年级上册《雪猴》一文中有这样的描述：“一次，一个新战士从单杠上摔下来，首先奔上去的竟是猴儿。它们把那个战士围得严严实实，又蹦又跳，用它们特有的方式表示关切和同情。”一个学生提出疑问：“为什么首先冲上去的‘竟’是猴?一个人也没有吗?”

我思索着这样两个出乎意料的教学事件，寻找着其中的原因。让学生有这样误解的原因除了他们没有深入读文，主要是形成定势的不良阅读习惯使然。一个习惯是“顾名思义”。理解词语，“顾名思义”应该是帮了我们不少的忙，有好多词语的确通过这样的方法很好理解，但是也使学生产生思维的惰性。就如这个“忘我”，因为课文是以第一人称写的，所以学生不假思索地认为“忘我”就是把作者给忘了，似乎还有一点道理，他看鱼看得根本注意不到看作者。另一个习惯是“听音忘字”。我们的学生当听到“竟是猴”时，就会自然混同于口语的“净是猴”，从而产生大大的疑问：人呢？刚才那些战士呢？当疑问占据头脑的时候，他们是顾不上去深究其他的。

实际上，让我感慨的是两位老师面对这样误读的不同反应：前者没有意识到这个问题可以生成的广阔空间，让它轻易地溜走了；后者呢？我们看看这位老师是怎样处理的。

师：你说的“jìng是猴”是“全是猴”的意思吗？

生：是，我觉得人没奔上去很奇怪。

师：我们都来看看这句话：“一次，一个新战士从单杠上摔下来，首先奔上去的竟是猴儿。”谁发现这位同学把哪个字的意思误解了？

生：“竟”字，这个“竟”是出乎意料的意思。

师：那他说的应该是哪个“jìng”？

生：是“净”，它有全的意思。

师：我们看，一字之差，意思就完全不一样了。那么课文里的“竟”说明什么呢？

生：说明作者没有想到是猴子首先奔上去。

师：从“首先奔上去的竟是猴儿”你感受到了什么？

生：我感受到猴子很关心战士，它们和边防战士的关系很密切。

面对这样的误读，我们要的正是这样的一个过程——在咬文嚼字的过程中，让学生不仅看到字本身蕴含的丰富内涵，还会发现自己阅读时的问题所在。如果学生说“忘我”就是“忘作者”的时候，老师能发现学生这样说的原因，就不会通过追问来试图更正，而会围绕“忘我”一词，引领学生在语言环境中探寻它的真正意义和具体表现，学生就会明白：忘我，不是忘了作者，而是忘了自己，忘了周围的一切，他已经和金鱼融在一起了。这里的“忘我”和“入迷”有着相似的意味。这样的读书不仅是理解语言的过程，也是感受人物形象的过程。

童年有两种作用

童年有两种作用。一种是用来欣赏和艳羡，一种是用来回忆和怀念。而对于正值童年的孩子来说，它们是用来懵懂和浪费的。

欣赏和艳羡是属于别人的，已经没有了童年的别人。他们看着童年，觉出了童年的趣味，所以欣赏，觉出了童年的无忧，所以艳羡。

要是看着的人不会写诗，就会像喝了酒一样，醉醺醺地笑，那一刻他看着童心，不知道说什么，说什么都觉得多余。要是看着的人恰巧是个诗人，那他就会吟出一些押韵的旋律，没完没了地品味，童年给了他快乐，还给了他诗意。

就像杨万里，追黄蝶的小孩，会让他久久注视，“儿童急走追黄蝶，飞入菜花无处寻”，这是多么好玩的情景；船上的两个小童，也令他颇觉有趣，“怪生无雨都张伞，不是遮头是使风”，不用桨划船，妄图用伞作帆，多么鬼精灵！

就像范成大，四时田园，看不完的风景，说不尽的劳动，可是他依然被小童的行为吸引：“童孙未解供耕织，也傍桑阴学种瓜。”看小孩子模拟劳动的游戏，多么津津有味！

就像杜甫，醉里吴音软语，青草茅檐小溪，平静的农家生活图画，他最喜欢的是童年那一笔，“最喜小儿无赖，溪头卧剥莲蓬”，这一笔足以让光阴生出笑意。

就像胡令能，看到“蓬头稚子学垂纶，侧坐莓苔草映身”，所以，他真的理解为什么“路人借问遥招手，怕得鱼惊不应人”。小孩子的心思多么幼稚，多么有趣，他悄悄地匿形，悄悄地匿声，小鱼就会上钩了吗？

回忆和怀念是属于自己的，是长大后的自己。你以为童年被浪费了，你以为童年是懵懂的，到长大的时候，只要有合适的时机，它们就会回来看望你，而你，常常不拒绝这样的回忆，还会深深地怀念。

多少人说小孩子有那么多的趣事，为什么写不出来呢？那是因为趣事是大人看到的，小孩子没有长大他不知道这也是趣事。就像萧红，她留在呼兰河的小村庄里的童年，长大了才慢慢地看出有趣；就像林海音，她留在北京城里的童年，远去了才慢慢地品出滋味；就像鲁迅，他的百草园他的闰土，只有能写到小说里的时候，才那么让人回味；就像马克·吐温，他的汤姆索亚，他知道其实就是他自己……如果你读读刘亮程的《风把人刮歪》，你碰巧读到他这段话："一次我说，我长大去放羊。话刚出口，看见一个人赶羊出村，他的背有点驼，穿着翻毛羊皮袄，从背后看像一只站着走路的羊，一会儿就消失在羊踩起的尘土里。又过了一阵，传来一声吆喝，声音远远的，那一刻我看见当了放羊人的我就这样走远了。"你会理解得更深。

我听爱读书的朋友讲他的童年，他说童年的自己早晨去拾粪，汗湿衣背，满心欢喜。童年给他的是生活的真——要生活就要劳作，这是千古不变的道理。

我听蒙古族朋友讲他的童年，他说童年的时候去挖野菜，野菜留下的坑总是认真填好。童年给他的是生活的善——即使是不会说话的土地，也不能不抚慰它的伤痕。

我听中文系朋友讲他的童年，他说童年曾经爬上小糖梨树摘梨，吃在嘴里，甜在心里。童年给他的是生活的美——无论多么清苦的日子，总会让你有机会体验到甜蜜。

看着他们的童年，你相信他们的心，不会偏离真善美多远，因为那底色是在懵懂中结结实实涂好的，永不褪色。他们靠着一遍又一遍的回忆，一次又一次的怀念，不停地清除心灵中那些不怎么美好的东西。

朗　读

最得意的朗读记忆，是十六岁时的一次面试。

面前坐着考试的老师，后来他们都一一教过我。我选的文章是《白杨礼赞》，我喜欢矛盾的激情澎湃：

“那是力争上游的一种树，笔直的干，笔直的枝。它的干呢，通常是丈把高，像是加以人工似的，一丈以内，绝无旁枝；……哪怕只有碗来粗细罢，它却努力向上发展，高到丈许，二丈，参天耸立，不折不挠，对抗着西北风。”

我读着的时候，对面的女老师开始不由自主地笑，一点儿也不掩饰地笑，那么开心！不知道她们是喜欢这篇散文，还是喜欢我的朗读。不管怎样，他们没有一个皱眉，多好的兆头！我几乎是内心欢呼着结束朗读的。

知道他们为什么笑，是在入学后不久。历史课上，老师让我回答关于金字塔的问题，那是上节课学习的内容。我清晰准确地回答，迎来的却是哄堂大笑，所有人，包括那个文静的年轻男教师，他掩着口，只露出笑意横溢的眼睛。教室里充满了快活的空气，谁也不告诉我发生了什么事情。还是下课的时候，同桌告诉我，是因为我的口音，那是他们早有定义的“八里罕味”。所有的阴平都读成阳平，有些阳平还变成阴平。

直到我的普通话里没有了一丁点儿八里罕味，我才深刻地知道《白杨礼赞》被我读成了怎样滑稽的味道。他们的笑没有任何恶意，只是觉得好笑而已，却让我暗暗下定决心，学习普通话。我的所有跟语文有关的书，上面所有的阴平阳平的文字，都被我认认真真地注上拼音，然后跟前后左右桌学习正确朗读。我的耳朵变得出奇的敏锐，能捕捉到任何不谐和的音节。整天和我在一起的郑同学，有一口流利的普通话，她也是我的老师之一。毕业实习的时候，她跟学生一起朗读课文，把里面的“小青蛙”，一本正经地读成“小青蛙（娃）”，自己浑然不觉。指导老师不客气地批评她：“你怎么有八里罕味？”在她给我施加影响的同时，我用这种方式回报了她。

没想到朗读从此跟定了我。几乎所有的课，我都要朗读给学生听，或者，让学生把课文朗读给我听。朗读成了学习语文最经常的一种方式，分角色朗读，有感情朗读，男女生对读，师生合作读……教室里充满了琅琅书声，那些明白如话的句子，变成了更加明白如话的声音。

朗读占去了我和学生最多的时间。我并不以此为浪费。

反思“朗读”这个词语，是缘于一个偶然的事件。一个看长了书眼睛就不舒服的朋友，在网上下载了好多名著来听，他用这种方式进行阅读。我觉得好奇，《红楼梦》《简·爱》这样的长篇小说，不知道听别人读是什么滋味，于是也找来听。《简·爱》是百读不厌的一部名著，可是我只听了一个开头，就打消了听的念头——我说不出那种感觉，只是觉得糟蹋了这部优美绝伦的作品——那个朗读者，她只卖弄自己的声音，抑扬顿挫地念着一个一个字，她不懂《简·爱》。

我才知道朗读有时候是这样一件糟糕的事情。尤其是对文学的朗读。正如夏尔·丹齐格所说，“文学是缄默不语的。那是介于一种沉默与另一种沉默之间的问题，被读之物的能言善辩的沉默，正是阅读之人的仁慈的沉默。”不错，听《简·爱》的那一瞬间，我想说的是：仁慈一点儿吧，快停止这个荒诞的朗读！

在朗读时，你会发现，词语里可能存在的细腻表达和作家的有意误用，声音传递不出来。而那，却正是一部作品最具魅力的地方。所以当那位朋友说听完了《简·爱》时，我觉得他恐怕只是知道了一个故事梗概，里面深邃的风景抑或风情，光通过声音他看不到。一种声音只传递出一种东西，他听到的，是那个朗读者的《简·爱》，不是夏洛蒂的，也不是他自己的。

这已经接近了悲剧。就像我们让学生用一个腔调读课文一样，是课堂上的闹剧。

你在哪儿？我在这儿。

"你在哪儿？我在这儿。"

"你在哪儿？我在这儿。"

被乌鸦劫持的小人尼尔斯·豪格尔森，听到大雁阿卡和雁群寻找他的呼唤，却不敢应声，因为乌鸦威胁他要"想想自己的眼睛"。

我读《尼尔斯骑鹅旅行记》，对"你在哪儿？我在这儿"产生了极大的兴趣。初读仿佛是一唤一应，再读不是。通常的寻觅，只顾拉长声音唤着那个要寻找的人的名字，大雁则不是，前面问尼尔斯在哪儿，后面则告诉尼尔斯自己在哪儿，仿佛是回答尼尔斯的寻找。对，有一种互相寻找的意味，这种语言给我的印象如此之深刻，我一度不曾理解。

读林海音的《冬阳·童年·骆驼队》，耳边蓦然响起了"你在哪儿？我在这儿"，仿佛这话是她在喊，我听得真真切切。

林海音寻找什么呢？那铛、铛、铛的铃声，就在耳边回响着，循着骆驼队的渺茫的铃声，她试图找到自己的童年。骆驼队不见了，童年也被它们驮走了吗？

童年里那个小女孩，仰着头看那庞然的骆驼，"那样丑的脸，那样长的牙，那样安静的态度。它们咀嚼的时候，上牙和下牙交错地磨来磨去，大鼻孔里冒着热气，白沫子沾在胡须上。"看痴了，自己的牙齿也动起来了，跟着嚼青草的骆驼，嚼着童年的好奇和情不自禁。一大一小的嘴，咀嚼着冬阳下白花花的光阴，悠闲，安然，像一幅极简单的几米的画，天地间只剩下细微的咔嚓咔嚓的声音。

打头的骆驼长脖子底下的铃铛，像一个大问号，在女孩的脑袋里铛铛响：

“为什么要系一个铃铛?”

骆驼很怕狼，戴上了铃铛，狼听到铃铛的声音，就不敢侵犯了。爸爸的回答太没有想象。

一定是拉骆驼的人，耐不住那长途寂寞的旅程，才给骆驼戴上了铃铛，增加一些行路的情趣。爸爸说这样的想法更美些。

爸爸不知道小女孩的心思，已经跟着骆驼慢慢地走了——看它们软软的脚掌，走在了软软的沙漠上，没有一点点声音，遍地都是寂寞。这寂寞骆驼耐得住，它们沉得住气，拉骆驼的人不寂寞吗？像走进一部无声电影？那就听听铃铛，铛，铛，铛，这首单调的歌在沙漠中一定也清脆悦耳。这是一个小女孩的善解人意，一个小孩子脑袋里的童话。

冬天的骆驼走远了，夏天的思念还在长。

“夏天它们到哪里去?”妈妈听得突兀，不知道对骆驼队的思念能这样绵长。她怎知季节可以不停脚步，小女孩可以长大变老，骆驼却永远驻在小女孩的心中，来了，走了，到今天。

长大的妇人，想念童年的小女孩，以及小女孩心中的骆驼队。默默地想，像骆驼一样慢慢地向童年走。也就在这一刻，我听见了她的声音：“你在哪儿？我在这儿!”隐隐的，她说她又听见缓缓悦耳的驼铃声，童年重临心头，如惊鸿来照影。

“你在哪儿？我在这儿。”

这个声音似乎不光是林海音的，我听见鲁迅也在喊，他寻找他的百草园。

鲁迅说：“我家的后面有一个很大的园，相传叫作百草园。现在是早已并屋子一起卖给朱文公的子孙了，……但那时却是我的乐园。”他清醒地知道，那个百草园已经不属于他，但仍然说是他的乐园，他把童年留在了那里，把柔软留在了那里。

“不必说碧绿的菜畦，光滑的石井栏，高大的皂荚树，紫红的桑葚；也不必说鸣蝉在树叶里长吟，肥胖的黄蜂伏在菜花上，轻捷的叫天子忽然从草间直窜向云霄里去了。……”

那里的各种的草，各样的虫，那里的神奇的传说——何首乌能长成人形、长妈妈的美女蛇，冬天的拍雪人、捕鸟，都能让人生出无限向往。

我听见萧红也在喊，她寻觅她祖父的园子。

“我家有一个大花园，这花园里蜂子、蝴蝶、蜻蜓、蚂蚱，样样都有。蝴蝶有白蝴蝶、黄蝴蝶。这种蝴蝶极小，不太好看。好看的是大红蝴蝶，满身带着金粉。蜻蜓是金的，蚂蚱是绿的，蜂子则嗡嗡地飞着，满身绒毛，落到一朵花上，胖圆圆的就和一个小毛球似的不动了。”

仿佛就在眼前似的，仿佛就是那时似的，可是她很快就意识到，那是童年的事了，现在——

“那园里的蝴蝶，蚂蚱，蜻蜓，也许还是年年仍旧，也许现在完全荒凉了。小黄瓜，大倭瓜，也许还是年年的种着，也许现在根本没有了。那早晨的露珠是不是还落在花盆架上，那午间的太阳是不是还照着那大向日葵，……这一些不能想象了。”

他们笔下的一切，浓缩起来都是同一句话：“你在哪儿？我在这儿。”“我在这儿”是确定的，其他都是不能想象的。

就像林海音，在《冬阳·童年·骆驼队》的结尾，也猛然意识到——

“夏天过去，秋天过去，冬天又来了，骆驼队又来了，童年却一去不还了。冬阳底下学骆驼咀嚼的傻事，我也不会再做了。可是，我是多么想念童年住在北京城南的那些景色和人物啊！……”

于是，他们不约而同地选择了写下来，隔着几十年的光阴向来路上喊：“你在哪儿？我在这儿。”喊声中没有焦虑，没有急迫，只是那声音饱浸了他们浓浓的思念，淡淡的怅惘，和静静的寂寞。

他们的呼喊没有回应，他们的童年遭到了岁月的劫持，永不复返。就像现在，那段岁月的记忆，林海音的骆驼队，鲁迅的百草园，萧红的祖父的园子，它们可能还静静地等在那里；甚至今人，帮他们找到了童年的寓所，鲁迅的百草园还在绍兴，萧红的故居还在老地方，它们可能也在寻找，寻找看骆驼的英子，挖何首乌的迅哥，捉蝴蝶的萧红，它们可能也在喊：

“你在哪儿？我在这儿。”

同样没有回答。童年也同样找不见它们。

就像我，站在他们的文字里，在英子门前看骆驼队来了又走走了又来，在百草园里听油蛉低唱蟋蟀弹琴，在祖父的园子看恣意的黄瓜的谎花开放，却知道世间再也觅不到作者的影子。我喃喃地问：

“你们在哪儿？我在这儿。”

没有回音。我们不在一个时间流里，他们的河只在文字里面流淌。

最好的教育就是用你的心去量他的心

读《蒋勋说〈红楼梦〉》，他看似在一页一页领着你去读，去理解，去感悟，仿佛是轻描淡写说出来的话，却成了你读书时最大的享受。那种将心比心的悲悯，那种近身体悟的柔情，不由你不感动。坏男孩好女孩，他都用慈悲的目光去抚爱，高贵和卑微，他都一视同仁地去亲近，用一种宝玉似的体贴，去诠释生命的完成，尊严的守护，人情的冷暖，爱恨的因缘。

尤其喜欢他用少年的心去读年少，用童年的眼睛去看童心。的确有耐人寻味的风景。

他说，我们常常感叹当今的教育没有力量，因为现代教育中太多伪装的东西。想办法使自己重新回到那个年龄段来跟孩子们对话，才是现代教育的起点。我一直希望《红楼梦》能够变成我们现代教育的救赎，因为我们从中看到孩子们最真实的世界。

他说，最好的教育家也需要有佛菩萨心肠，任何一个人站在你的面前，你都能用你的心去量他的心，最好的教育才能达成。

他说，很多时候，你对一个人最大的爱和体贴，可能就是拍拍他的肩膀，或者给他一个拥抱，这比任何语言都有用。

他说，读书是什么？如果一个孩子去读书只是因为喜欢作业和考试，这个孩子大概蛮奇怪的，因为这个年龄的孩子很活泼，他们对生命有很多好奇。所谓的读书是让他在读书的过程中开始认识生命，知道爱憎，知道生命中的各种现象。

他说，面对人性真实的时候，再去看下一代人性的真实的时候，你就不会讲话了。我们有时候不明白为什么自己讲的话小孩都不听，因为我们已经僵化了，他们当然不要听。

他说，在孩子的世界中有一种非常奇妙的情谊，单纯到没有任何功利色彩，连性都没有。我相信在青少年的世界中，在他们成长的经验里，有大人再也找不回来的东西。在青少年的成长中，可以简单到没有任何事情发生，可以用“一清如水”来形容。

他说，人在成长的过程当中，很容易遗忘自己曾经走过的困境，这个困境是弥足珍贵的，尤其在教育上面。教育最重要的并不是给成长中的孩子一个不要他东想西想的答案，而是告诉他我曾经有过跟你一样的感受。在教育里如何去把青春期的那部分记忆找回来，恐怕是很重要的一件事。

他说，文化绝对不是课本上的东西，也绝对不是考试可以考出来的东西，文化是在生活里的。所以你走到任何一个地方，你看到的文字都是文化。当我们的教育一直把精力放在考试和追求学分上，而不是着力在生活中努力去普及文化时，造成的结果是一个人不管他读到多高的学位，到最后他依然不知道文化是什么。

谁说读懂一本书容易，那里有你读不懂的太多东西。比如蒋勋说到的关于年少和教育。

不要小瞧一只狗

这是一篇题目叫《玲玲的画》的文章，给二年级小孩读的。

玲玲得意地端详着自己画的《我家的一角》。这幅画明天就要参加评奖了。

“玲玲，时间不早了，快去睡吧！”爸爸又在催她了。

“好的，我把画笔收拾一下就去睡。”

就在这时候，水彩笔叭的一下掉到了地上，把画弄脏了，玲玲哇地哭了起来。

“怎么了，孩子？”爸爸放下报纸问。

“我的画脏了，另画一张也来不及了。”

爸爸仔细地看了看，说：“别哭，孩子。在这儿画点什么，不是很好吗？”

玲玲想了想，拿起笔，在弄脏的地方画了一只小花狗。小花狗懒洋洋地趴在楼梯上。玲玲满意地笑了。

爸爸看了，高兴地说：“看到了吧，孩子。好多事情并不像我们想象的那么糟糕。只要肯动脑筋，坏事往往能变好事。”

在第二天的评奖会上，玲玲的画得了一等奖。

有很多老师领着小孩读来读去，就读剩下了一句话，不说你也会猜到：只要肯动脑筋，坏事往往能变好事。而我读着读着，就剩下了一只小狗：玲玲在弄脏的地方画的那只小花狗，它懒洋洋地趴在楼梯上。

这只小花狗，一下子使故事有了情趣，也一下子使画有了生趣。我以为，因了这只小狗，玲玲的画才得了一等奖，狗让那些死的物变成了活的，变成一个家。

《又是一个二分》是一幅著名的画。得了二分的小男孩要多窘迫有多窘迫，妈妈责怪，姐姐着急，不懂事的小弟弟也跟着嘲笑，唯有狗，那只小花狗扑到他的身上，给了他一如既往的欢迎。狗的眼里没有分数，只有伙伴。一只狗让这个充满了紧张的家，霎时放松了下来，温暖起来。

《配角》是一篇著名的散文。那个演配角的小姑娘得到一只狗的角色。她尽管不开心，还是听从爸爸的劝导，尽心尽力地模拟狗的种种动作，使整个剧充满了喜剧氛围。不说一句话的狗，华丽转身成了舞台的主角。

画和文，取胜的不仅是故事情节，更是生活。而这生活，是一只狗带来的。

狗总是个温暖的存在。人间的温暖。人情的温暖。

不管怎样静寂的村子，有了狗，就动起来了。你读范成大的《四时田园杂兴》，“蝴蝶双双人菜花，日长无客到田家。鸡飞过篱犬吠窦，知有行商来买茶。”尽管你看到的是静，但是你能想到的所有的热闹都出来了，你看到狗叫起来了，小孩子打开门跑出来了，随后大人也出来了，可能趿着鞋，可能揉着眼，总之一屋子的热闹出来了，然后你还听到，关于茶的品级、价码、成色的议论，以及手和手交换的青钱，脸和脸交换的欢喜。

不管怎样寒冷的夜晚，有了狗，就暖起来了。你读刘长卿《逢雪宿芙蓉山主人》，读到“柴门闻犬吠，风雪夜归人”，尽管你什么都看不到，可是你看到了雪夜下，一间院落的温暖都被狗叫起来了。炉子里的木柴噼啪地冒着火星，把外面的冰天雪地，以及披着一身白雪的寒冷，融化成滴滴答答的温情。

几年前到东北的边境延吉，隔着一条窄窄的鸭绿江面，我向那个歌里唱的电影里演的书里写的地方遥望。那是朝鲜的土地，土地上收割好的庄稼堆在地上，一堆一堆，讲述着今年的收成。看到整齐的小房子在田野的那边。没有人，没有声音，依然像一幅画。这时一只狗出现了，它先是沿着田野跑，然后来到江边，沿着江边向北跑，后来又折回来。就在对狗的目光追逐中，我知道，我看到了想看的一切。人，以及人的生活。

所以，你，不要小瞧一只狗。

读范成大的诗

范成大的诗真静得慌。

春日是静的，“土膏欲动雨频催，万草千花一饷开。舍后荒畦犹绿秀，邻家鞭笋过墙来。”开花也罢，生笋也罢，即使是下雨了，也是只看到你花红它草绿，你展叶它伸枝，就是没有一点儿动静。夏日是静的，“梅子金黄杏子肥，麦花雪白菜花稀。日长篱落无人过，惟有蜻蜓蛱蝶飞。”梅子杏子，麦花菜花，蜻蜓蛱蝶，都是活的，也都是静的。白天是静的，“蝴蝶双双入菜花，日长无客到田家。鸡飞过篱犬吠窦，知有行商来买茶。”终于有人了，一个人惹沸一个村子，鸡飞了，犬吠了，仿佛有了人声了，你看到长长的静日里唯一的一圈涟漪。傍晚是静的，“乌鸟投林过客稀，前山烟暝到柴扉。小童一棹舟如叶，独自编阑鸭阵归。”林是静的，山是静的，远远的一个小童，一排鸭阵，也慢慢地走向静寂。

这是哪里的一个村庄，哪个春天的一片色彩，哪个夏天的长日篱落，如此美丽又如此幸运地，一次一次走进范成大的诗里，直到化成一片静谧的诗意？直到，看得诗人也是一脸盈盈的笑意？

我竟然错了。范成大或许笑了，可是他笑得并不爽朗。

笑着笑着他就担心了。“垂成穑事苦艰难，忌雨嫌风更怯寒。笺诉天公休掠剩，半赏私债半输官。”他担心天公不作美，农人两个季节的收成梦化作泡影。他恨不能给老天写一封短信，告诉他体谅体谅农人的辛苦，给他们留下点希望吧，即使是好年天收，农人也只是过路财神，私债要还，官税要缴。

笑着笑着他就祈祷了。“秋来只怕雨垂垂，甲子无云万事宜。获稻毕工随晒谷，直须晴到入仓时。”但愿那秋日，万里无云，晴空朗日，一直到谷稻入仓吧！

他太知道农人的辛苦了，春日里，他们“昼出耘田夜绩麻”，秋日里，他们“一夜连枷响到明”。到头来，还逃不了“不惜两钟输一斛，尚赢糠核饱儿郎”，躲不过“黄纸蠲租白纸催，皂衣旁午下乡来”。

本以为可以这样自我安慰，“朱门巧夕沸欢声，田舍黄昏静掩扃。男解牵牛女能织，不须邀福渡河星。”恐怕是刚刚写完，连自己都不相信了。

他们是这样一群画家

男性作家中，我喜欢冯骥才。他的文字比他的个子纤巧，他的画比他的脸庞静美，他的画，和他的文字，我则没有办法比较，他的散文仿佛是他泼洒在纸上的画，他的画又仿若是他写在纸上的散文，有很多时候，你看他的画时，觉得是在读他的散文，又有很多时候，你读他的散文，脑子里总是浮现他的画。

他的笔触有着男性少见的细致和干净，惹得好多语文教材纷纷选录他的文章，他们都发现了他的文字中，那种应该让童年和少年走进的心灵。

女性作家中，我喜欢席慕容。席慕容首先是画画，然后是写诗写散文。她的画和散文以及诗没有多大关系，大约画是她的职业，散文、诗则是她的业余爱好。我先认识她是个作家，然后才知道她还是画家。我只喜欢她的诗和散文，没想过看看她的画。她在散文里，是一个婉约的小女子，小到你透过那棵住着翠绿小鸟的槭树，可以看到她小小的家，她匆忙的背影里洒满的都是日子细碎的小花。她说出来的话和没有说出来的话，我都能读得懂，就像我读得懂自己不写出来的内容一样。她打开窗帘的一角，或者虚掩着门，请你往里瞧。你笑她不小心把所有的风景都泄露了。她在诗里永远是恋爱中的女子，寻寻觅觅的多是那个叫做“爱情”的花朵。她说的是她自己吗？不是，是所有的富有诗情的女子。你如果不懂女子，那里面倒是认识她们的好场所。

不过我想，如果她肯给所有的自己的诗和散文配画，那一定值得特别期待。

几米算是画家吗？几米算是作家吗？他们叫他绘本作家。他画的画好简单，他写的文字好简短，可是你不能不喜欢。他有一个绘本名字叫《我的心中每天开出一朵花》，你看他的作品，就好像在看他心中开出的一朵一朵花。他画一个人，手里拉着一根长长的绕着无数圈圈的绳子，绳子的尽头是一只缚住脚的小鸟。他这样来写：

“旅行的欲望，又蠢蠢欲动。我安慰自己，那只不过像是一只被线绑住的小鸟，短暂高飞，胡冲乱撞，精疲力竭后又无奈地回到牢笼的荒唐过程。我望着遥远天空。苦笑。叹息。”

如果这是一朵花，我打赌它是一朵忧郁的花，那种蓝色的忧郁，甚至连太阳光都穿不透的蓝色。

陈丹青，他画油画，他的笔下写什么都有一种特别的姿态，他用画油画的眼睛看到的现实，比油画要清晰，他站在西方看东方，站在过去看未来，他的角度就很独特，他的语言就很洒脱。他的《退步集》我喜欢看，没有一丝小家子气，他代表公众下的自己说话，他是画家，他就代表画家，他是教授，他就代表教授，他只说他的思想，不说一点家事，他说，那样做显得没有教养。

郑板桥被称为画家书法家，我以为他还是出色的诗人。他的题画诗类同几米，只是风格迥异。你可能只看过几幅他的竹石图、兰草画，却有不少人记诵过他的题画诗。他的“千磨万击还坚劲，任尔东南西北风”多么刚硬，他的“些小吾曹州县吏，一枝一叶总关情”几多忧民，他的“非无脚下浮云闹，来不相知去不留”写尽兰花淡泊，他的“写取一枝清瘦竹，秋风江上作渔竿”没有半点萧索。飒飒情怀，浩浩正气，不知为画增添了多少豪迈。

画中天地，字里乾坤，独他们自由穿越，或融为一体，或并肩而行，来往得如此令人叫绝！

民俗语文的不自觉疏离

读《红楼梦》，不用太留意，你就会被脍炙人口的民俗语言所折服。我常常想，如果从《红楼梦》中抽去这些民俗语言，会怎么样呢？

比如，人物描摹，还是这样的形象生动吗？

贾宝玉听紫鹃说，林黛玉要回苏州去，登时癫狂，拉着紫鹃不放，听见姓林的要打出去，把个西洋自行船藏在被里，闹得不亦乐乎。紫鹃一丝试探的南风，惹了宝玉这场酣醉的骤雨。袭人一句话说得透彻：“也没见我们这位呆子，‘听见风就是雨’……”

林之孝家虽是大管家娘子，通篇《红楼梦》就没有她说的几句话，除了宝玉过生日，她领人查夜，借着酒意的一番长篇大论，再不见动静。王熙凤评得有趣：“林之孝两口子，都是锥子扎不出一声儿来的。我成日家说，他们倒是配就了的一对夫妻：一个天聋，一个地哑。”

同样的意思，到了贾母老祖宗的嘴里，又另是一样儿。王夫人喜欢的好孩子袭人，在贾母眼里是什么，“袭人本来从小儿不言不语，我只说是‘没嘴的葫芦’。”

平儿眼里的赵姨娘，是“着三不着两”的，心里没个算计；尤氏眼里的赵姨娘周姨娘，是“两个苦瓠子”，言语中透着些许怜悯。

比如，嬉笑怒骂，还是这样凌厉痛快吗？

鸳鸯恨骂趋炎附势来劝她嫁给贾赦的嫂子：“这个娼妇，专管是个‘六国贩骆驼’的，听了这话，他有个不奉承去的！”

李纨笑骂生日泼醋打平儿出气的王熙凤：“那黄汤难道灌丧了狗肚

子里去了？气的我只要替平儿打抱不平。忖夺了半日，好容易‘狗长尾巴尖儿’的好日子，又怕老太太心里不受用，因此没来。……”

赵姨娘气骂不认亲娘的探春：“姑娘放心：这也使不着你的银子！明日等出了阁，我还想你额外照看赵家呢。如今没有长翎毛儿就忘了根本，只‘拣高枝儿飞’去了。”

尤氏笑骂撒娇轻狂的王熙凤：“你这会子又撒娇儿了，听见放炮仗，就像‘吃了蜜蜂儿尿’的，今儿又轻狂了。”

比如，来往应对，还是这样通透豁亮吗？

面对赵姨娘以主子身份说出的一番话，芳官针锋相对：“……我一个女孩儿家，知道什么‘粉头’‘面头’的！姨奶奶犯不着来骂我，我又不是姨奶奶家买的。‘梅香拜把子——都是奴才’罢咧！”一语道破赵姨娘的真实处境，可怜可叹！

小厮们求柳家的进园子偷几个杏儿赏他们吃，柳家的啐道：“发了昏的！今年还比往年？把这些东西都分给了众妈妈了。一个个的不像抓破了脸的！人打树底下一过，两眼就像那黧鸡似的，还动他的果子！可是你舅母姨娘两三个亲戚都管着，怎不和他们要去，倒和我来要？这可是‘苍老鼠问老鸹借粮，守着的没有，飞着的倒有’！”听听，小厮们岂不哑口无言！

比如，品评夸赞，还是这样悦耳动听吗？

贾母赞王熙凤的辛苦，说她“天天‘丢下耙儿弄扫帚’”；

薛姨妈夸王熙凤的巧嘴，说她“只听凤丫头的嘴，倒像倒了核桃车子似的，只听她的账也清楚，理也公道”。

贾芸听宝玉说“像他的儿子”，遂讨好说：“俗话说的好，‘摇车儿里的爷爷，拄拐棍儿的孙子’，虽然年纪大，‘山高遮不住太阳’……”

比如，说明道理，还是这样令人信服吗？

俗话说，自古道，自古说，古人云，怪道说，挂在多少人的嘴边上？

一个王熙凤，就惹来多少俗语俚话。她张口俗话说，闭口自古说，信手拈来，流畅自如。

“俗话说‘朝廷还有三门子穷亲’呢。”这是跟刘姥姥说。

“自古说的‘当家人，恶水缸。’……”这是跟尤二姐说。

“不得俗语说‘癞狗扶不上墙’的。”这是说跟尤二姐订婚的张华。

“自古说‘妻贤夫祸少’……”这是跟尤氏说。

……

更别提其他人了，上至老祖宗，下至丫头小子们，不胜枚举。

似乎不用多想，去掉了这些俚语俗话，《红楼梦》不仅少了一半光彩，也会少了一半读者，这些话如同老百姓身边的人说的，读来的亲切感，最先征服了普通读者的心。《红楼梦》的语言风采，人所共知，民俗语言，不仅仅属于乡村，百姓，更活跃在贵族大家的口头。看似大俗，实乃是别样的雅致。

可是，这些俚语俗话却难以登上如今的语文大雅之堂。我们权且看看语文课本，正襟危坐，堂皇地拒民俗语文于千里。从语言方面，追求的是规范优美，几乎没有民俗语言的踪迹。

再看看学生的作文，可有民俗语言的影子？很多的时候，民俗语言被冠以“土话”“方言”，弃之如敝履，也是规范之外的游离分子，更是格杀勿论的。

语文教学对民俗语言不自觉的疏离，使民俗语文长久地徘徊在语文学习之外，削损了语文的半壁河山。

“和书面语言相比，民间语文并不是一种低级语言，这应该成为我们的语言学常识。重视书面语忽略民间语的‘书的傲慢’，应该得到彻底的清洗。我们不要忘记，其实，每个人首先是活在方言里的，活在民间语言中的。民间语言更具有活力，更具生命的亲和力。学语文，不能没有民间语文。学语言，不能没有地域俗语。学完整的语文，才能成为完整的人。我们的语言才会更有生命的温馨、生活的气息。我们的语言才有可以立足的、坚实的、绿色的生活土壤。”

朱国忠的见解真是透彻。

汉字的尴尬

薛蟠的不学无术，从一个人的名字上就能看出。他也是大家公子，装模作样地上了学，读了书的。但他连识字分子也算不上。在他的书房，他给大家讲看到了唐寅的画，好的不得了，他叫“唐寅”为“庚黄”。那天在场的人，詹光，单聘仁，程日兴，胡斯来，按说都是假斯文会识字的主，可是没有一个人对“庚黄”提起注意，他们是来吃的，吃他个薛大傻子，吃他“这么粗、这么长、粉脆的鲜藕；这么大的西瓜；这么长、这么大的暹罗国进贡的灵柏香薰的暹罗猪、鱼”。宝玉到底实诚，较真，追根究底再问，果然是“唐寅”两个字。众人忙替薛蟠遮掩，说他一时眼花看错了，还是薛蟠自己觉得没意思，臊了一下，到底还是嘴硬：“谁知他是‘糖银’是‘果银’的。”我依稀看到宝玉羞红了的脸，他较真得实在不是地方。汉字在他薛大傻子那里，没有尊严，更没有地位。

多年前有一次在路上骑车，跟一个载着孩子的家长几乎并列。

孩子说了什么，做父亲的有些不满意。说：“谁说的?”让我听到了。

孩子说：“谭老师说的。”

父亲说：“哼，什么‘坛’老师‘罐’老师!”说着自己笑了，孩子不做声了，他不觉得幽默，他甚至怕被老师听到这么不敬的语言。

我不确认那个父亲不认识“谭”字。有时候不是不识字，他是从

"谭"字想到了发泄不满的"坛罐"，表示自己的不满。汉字在出生的时候，就注定被同名同姓的任意调戏而无能为力。比如我上小学的时候，有个同学姓"史"，我们都觉得她姓了一个最龌龊的姓，无知的时候最无畏，想不到给这个功勋卓著的"史"字起码的尊重。

你要是在小学课堂上，尤其是识字课上，会听到那些年轻的老师，管汉字叫"字宝宝"，那些名副其实的"人宝宝"也跟着叫"字宝宝"，他们的任务是要和这些"字宝宝"交朋友，不仅认识它们，还要给它们找合适的朋友，甚至记住这些"字宝宝"的样子。

"字宝宝"们像积木一样，被"人宝宝"们翻来覆去地拆开，又拼在一起。五花八门的记忆方法，让一个个"字宝宝"欲哭无泪，它们曾经的颇引以为自豪的相貌，被小宝宝们当成了游戏。

这时候就觉得无比的滑稽，几千岁的汉字被几岁的孩子叫宝宝。它们要是有思想，不知道作何感想。要是能让今天的小宝宝仰视这些古老的年迈的汉字，从它们身上看到几千年的风尘和智慧，产生仰慕、敬佩、骄傲、神秘、会意等情感，那么人类的小孩子和老祖宗利用这汉字沟通彼此的思绪、逻辑、灵感，汉字文化的血脉是不是能够一滴一滴传承下来一点儿？

"字宝宝"这个童话的称谓，让我们年轻的教师，显得没有文化了许多。

那时候有一首歌叫《妈妈的吻》，我上学的时候，正是它流行的时候，所以好多人都在哼唱。

有一个从小的玩伴，趁我放假的时候，让我教她唱《妈妈的"勿"》。她好歹还认识"勿"字，很了不起，可是我还是被"妈妈的勿"笑坏了。

有很多人说起别字来绝对不磕巴，仿佛他们是多年的朋友，有一种张口就来的潇洒。"粤香"叫成"莩香"，"劣"读成"略"，这一点与薛蟠极为相似。我每每听了这样的话，心里都吓得不轻，生怕自己哪一天也这样神不知鬼不觉地，做了白字先生。所以我不仅离不开字典，谁要是问我这个字读什么，我从来不肯冲口而出，总是谨慎地确定了才敢教人。而且，我还逼着自己学会了说“不认识”或者“认不好”，不怕别人说教语文的还不识字。汉字多如繁星，何况就是本来认识的字，比如说“被”，听电视纪录片中把“泽被”的“被”读成“披”的音，就满疑惑，查遍了《现代汉语词典》和《古代汉语词典》，觉得还是不能读“披”。在古汉语中，虽有“披”音，但意义是不一样的，“泽被”是“恩泽覆盖”的意思，是“被子”这一意项的引申义。

所以，尽管谨慎又谨慎，连字斟句酌吃汉字饭的播音员，也难免读不准。对汉字怀着一丝敬畏，汉字才不会沦落到今天这样尴尬的地步吧。

这样用词为哪般

我已经注意好长时间《花的勇气》（人教版教材四年级下册）了，因为它的用词。

“拔地而起”，这么大气魄的词，竟然用在那么小的花身上，还那么自然，那么妥帖。

《桂林山水》中用到过“拔地而起”这个词：“桂林的山真奇啊，一座座拔地而起……”我看到桂林的山的时候，觉得这个词用得真贴切，那山的姿态和气势——就是拔地而起！再也找不出第二个词了。

冯骥才说小花——“它们为什么不是在温暖的阳光下冒出来，偏偏在冷风冷雨中拔地而起呢?”真是不可思议，那么矮小的花，那么柔弱的花，它们哪里有如此大的力量？拔地而起！我觉得用“冒”，就已经足够配得上小花的努力和气势了，还用拔地而起?

但是他用了。用不容置疑的语气。

仔细推敲这个词语，才知道作者写的，是小花给他的感觉，那种感觉澎湃着心扉的时候，非用极端的大词，不足以表达。就像《安塞腰鼓》里写那些后生，作者开篇就说：一群茂腾腾的后生。“茂腾腾”！你说不出有怎样的活力，怎样的生机，怎样的热闹，怎样的红火……茂腾腾，任你有多大的力量，也按不住这个词语。

我还喜欢文中这样的句子：

“我用手拨开草一看，原来青草下边藏着满满一层小花，白的、黄的、紫的；纯洁、娇小、鲜亮；这么多、这么密、这么辽阔！”

“虽然远处大片大片的花与蒙蒙细雨融在一起，低头却能清晰地看到，在冷雨中，每一朵小花都傲然挺立，明亮夺目，神气十足。”

小花——白的、黄的、紫的；

小花——纯洁、娇小、鲜亮；

小花——这么多、这么密、这么辽阔！

小花——傲然挺立，明亮夺目，神气十足。

一口气用这么多的词，写小花给人的视觉冲击和心灵震撼，还是令人觉得言犹未尽，情犹未尽，意犹未尽！满满的赞叹和溢美，满满的！这些词不是写出来的，是从作者心里流出来的，喷涌出来的。

懂了这个，你再读，小花的色彩，美丽，风度，气势，就一一都突兀在眼前，铺展在眼前，明亮在眼前！

后　记

我读过好多人写的后记。

私下里以为，一本书中，后记是最有意思的一篇。文采或者斐然，感情或者浓郁，故事或者引人入胜，语言或者娓娓动听。写书者的性格和风度，甚至格调、品位，多是从后记中窥见一斑。

即使是专业性很强的书，如果有后记，后记也总是好读得多。

轮到自己要写后记的时候，才蓦然发现，后记是最难写的一篇。

我一篇一篇读着选出来的文章，想象着它们后面该有一个怎样的尾巴。结果无从想象，我似乎没什么要说的，也似乎没什么要写的。该说的都说了，在这篇或那篇文章里，陈丹青不是说，即使是写天上的星辰，地上的蒿草，都是写自己吗？那又何必再写一遍说过的事？

写写别的事倒是很愿意。

我给师大的学生上课，作专题讲座。有一次的主题是《那些年我们一起读过的课文》，名字很俗，角度很新。说到小时候读过的课文，他们眼睛里都闪烁着童真的光芒，不管是看到熟悉的图片，还是朗读熟悉的课文，他们竟然能轻声地一句半句的跟着读起来。当然不是为单纯地说起课文，只是利用他们亲切的回忆，换一个视角，让他们从教师的角度，看到课文另外的一个面貌——今天再看这些课文，用一个老师的眼睛和心思，他们已然不是记忆中的模样。

我给他们讲《永远的小灰兔》，然后说："语文不是教训，无须告诉，而是在阅读中体验情感，唤醒感觉，潜移默化地受到熏陶感染。当你赞美的时候，他懂得荣誉；当你体贴的时候，他学会宽容；当你仁爱的时候，他懂得善良，当你难过的时候，他懂得愧疚……"

我给他们讲《青蛙跳出井口来》，然后说："语文不是为了明白道理，当你试图让小孩明白道理的时候，语文已经异化成品德教育。道理甚至不用讲，假以时日自然就会明白，小孩要透过阅读得到的，是讲述道理的婉转和善意，以及故事中浑然天成的情趣，从而爱上读书，这是我们要倾力追求的。"

我给他们讲《回声飘过二十年》，然后说："语文不是学习知识，知识是课文里携带的分离不去的基因。如果着眼于知识，就遮住了文学审美的眼睛，语言的美，人情的美，就不见了。抽尽了趣味的水，就剩下干巴巴的知识，语文课变成了自然知识课，一点儿也'不好玩'了。"

我不敢说语文是什么，更不敢真真切切地告诉学生语文是什么，确切地说，我不知道。

还有一次的主题是《童年是一本耐人寻味的书》，名字尽管不着边际，内容指向却很明晰。我请他们讲童年的故事。我以为他们不会讲，没想到想讲的学生还不少。一个女孩讲到和童年女伴玩耍的快乐，讲到女伴转学再没相见时，哭起来了；一个男孩说，他讲的是一件不愉快的事情，一个小学老师不问原因，认定他故意碰了胳膊摔伤的同学，狠狠地打了他一顿，以致于考上大学的谢师宴，他执意不邀请那个老师……我无比同情和理解他们，也庆幸童年离他们并不算远，记忆那么清晰，再次面对孩子的童年时，他们的心应该会有不一样的柔软。

我讲我的童年故事——《无猜》，还有好多人的童年故事——萧红的祖父的园子，鲁迅的沉重的风筝，刘亮程的无知的炊烟，鲍尔吉·原野家墙上雄壮的鱼群，余秋雨的语文老师，我们要探讨的是《为什么长大了才懂童年》。

我讲好多语文教学故事，跟童年有关，童年的懵懂、诗意、柔软和无邪，都能举出一大堆的例子，比如《懵懂》，比如《为什么叫"大科学家"》，比如《"忘我"就是忘记了作者》……我给他们讲成人世界对童年的体贴，王阳明的儿童观，周国平的儿童论，夸美纽斯的《大教学论》，卢梭的《爱弥尔》，黑柳彻子的《窗边的小豆豆》，约翰·洛克的

《教育漫话》。

我想说的是，语文的对面，不是字词句段篇，不是听说读写思。至少不光是。

我不敢说语文是什么，更不敢真真切切地告诉学生语文是什么，确切地说，我不知道。

我有好多这样的所谓讲座，每次都是好长好长的讲义，没有一次少于一万字。它们太长，那些发自肺腑引起无数共鸣的话，变成文字，忽然就平凡起来，谁有那么大的性子读下去呢？包括我。可是我觉得那些长长的文字，才是我要说的事，尽管这本书上一篇都没有。当然最终还是有些安慰，这些随性而写、即兴而作的小文，正是诞生一场场专题讲座的母本，那里据说有思想，或者疑似的东西在闪光。

什么东西呢？我说不清楚。每一个文字看起来都是温顺的，柔弱的，只有我知道，那字里要揭发的语文的傲慢与偏见。傲慢以为语文很简单，于是语文变得很粗糙；偏见以为语文很固执，于是语文变得很刻板。

这也是书名的由来。

当然不想带着傲慢与偏见，于是虽然意见不少，也是好好商量着想办法；建议也不少，但有没有用，我就更不知道了。

丛智芳

江苏凤凰教育出版社
《行知工程》系列丛书目录

系列	序号	书名	主编	定价
教育新思考系列	1	《语文教育向何处去》	王　丛	26.00
	2	《教育，就是做好普通的事》	孙志毅	27.00
	3	《走出语文的偏见——让学生体悟文本的原义》	丛智芳	30.00
	4	《让语文教学更高效——批注式阅读教学探索》	韩中凌	30.00
	5	《读写互促——探寻学以致用的语文教学》	曹　龙	30.00
	6	《跳出数学教数学——用文化融通数学教学》	马建秀	27.00
学生心理解码系列	7	《孩子问题行为一点通——只有好老师才知道的学生心理谜底》	严育洪	30.00
教师必读系列	8	《教师必学的 16 堂修养课》	武宏伟	30.00
	9	《教师不可不知的教学心理效应》	叶勇军	30.00
	10	《班主任不可不知的管理效应》	奚一琴	30.00
	11	《教师不可不知的教育心理效应》	孙　媛	30.00
	12	《校长不可不知的管理效应》	谢申刚　张金豹	30.00
	13	《成为好教师的 7 项修炼》	王福强　李维华	30.00
	14	《如何让学生会学习》	龙　冰	30.00
	15	《如何让学生爱学习》	周震宇　许小燕	30.00
名师感悟系列	16	《让心灵伴着歌声成长——22 位音乐名师的教育智慧》	陈　璞	30.00
	17	《超越自我的教师——32 位名师的成长感悟》	李卫东　李秀伟	35.00
	18	《心灵的守护者——19 位名班主任的教育智慧》	王晓松　曲文弘	30.00
	19	《名师感悟班主任有效工作艺术 90 例》	符礼科	30.00
	20	《名师感悟有效教学 90 例》	林高明　徐玉烟	30.00
教育探索者系列	21	《让个性绽放精彩——学校课程体系整合与创生》	谢建伟　徐淑萍	30.00
	22	《让每个学生都幸福——最能润泽生命的学校文化建设》	谢建伟　张新喜	30.00
教育家核心思想系列	23	《多元智能理论的本土化应用》	刘治富	30.00
	24	《大教育家最具施教力的教学思想》	白刚勋	30.00

系列	序号	书名	主编	定价
创新教学探索系列	25	《粘连作文教学：让习作成为有个性的自我建构》	黄瑞夷	30.00
	26	《备学式教学——在体验中建构数学思维》	单广红　范雪梅	30.00
	27	《向着自主进发——自主教育的创新实施智慧》	朱亚红	30.00
	28	《写中学——让学习更有效的学科写作教学》	钟传祎	30.00
	29	《小学科学实验总动员——大科学课堂有效提升学生创新力》	江美华	30.00
	30	《小学语文单元整体课程实施与评价》	李怀源	30.00
	31	《小学英语单元整体课程实施与评价》	李怀源	30.00
	32	《小学数学单元整体课程实施与评价》	李怀源	30.00
教育管理力系列	33	《“走”出教育的精彩：走动式学校管理文化构建》	罗　军	30.00
	34	《校长兵法：学校管理四十六计》	皮大鹏	30.00
核心教学主张系列	35	《新生代语文名师核心教学主张》	许友兰	30.00
行思讲坛系列	36	《师爱无疆——润泽学生心灵的教育故事》	侯忠彦	30.00
	37	《怎样反思更有效——促进教师专业发展的反思策略》	诸贝贝	30.00
	38	《成为高度自觉的教育者——写给后课标时代的数学教师》	许卫兵	30.00
	39	《哲思数学课》	刘全祥	30.00
	40	《把学生教聪明》	严育洪	30.00
	41	《教师最应该规避的教育误区》	杨坤道	30.00
	42	《用语文的方式教语文——潘文彬教学主张与实践智慧》	潘文彬	30.00
	43	《跨越式实现高效课堂——信息技术与课程整合高效教学方案评析》	陈　玲　刘　禹	30.00
	44	《怎样让阅读教学更有效——提升教学能力的十种读诵模式》	汪秀梅	28.00
	45	《让生命在润泽中起舞——当代小学生最需要的主题班会》	吴联星　罗　琳　冯卫东	30.00
	46	《让生命欢快拔节——当代中学生最需要的主题班会》	冯卫东　吴联星	30.00
	47	《课堂因生成而精彩——高效教学的生成智慧》	张文质	30.00
	48	《回到每一个人的生命化教育——张文质二甲中学教育行动录》	张文质	30.00
	49	《智慧数学课——黄爱华教学思维的实践策略》	黄爱华	30.00
高效能教学系列	50	《让作文落地生根——提高写作实效的教学策略》	黄桂林	30.00
	51	《高效能作文教学 5 项修炼》	陈步华	30.00
	52	《高效能校长的 10 个好习惯》	张　勤	30.00
	53	《高效能教师的 10 个好习惯》	谢　英	30.00
	54	《高效能语文教学 5 项修炼》	王其华	30.00

系列	序号	书名	主编	定价
教育求索系列	55	《思政教学的人文力量》	戴晓华	30.00
	56	《师道新说——给教育者的30条箴言》	徐　卫	30.00
中国教育变革之路丛书	57	《百年树人师何为——教师队伍建设困顿与出路》	将丽珠　李玉向	30.00
	58	《入园何时不再难——学前教育困惑与抉择》	曾晓东 范　昕　周　慧	30.00
	59	《三尺书桌何处寻——流动人口子女教育困难与破解》	范先佐	30.00
	60	《苦旅何以得纾解——高考改革困境与突破》	郑若玲	30.00
	61	《择校纠结何时了——择校问题困局与治理》	曾晓东　周文海 曾娅琴	30.00
创新教学思想系列	62	《"大问题"教学的形与神》	黄爱华　张文质	30.00
校长领导力系列	63	《高品质学校生长要素》	王益民	30.00
	64	《校长高校教学领导力提升策略》	徐世贵　郭文哿	30.00
教育漫笔系列	65	《课堂，诗意地栖居》	吴书华	30.00
新思维系列	66	《教育中的"不一定"——打破教育的19种思维惯式》	严育洪	30.00
教学全手册系列	67	《小学习作教学全手册》	郭家海	30.00
	68	《中学写作教学全手册》	郭家海	30.00
	69	《情境教学操作全手册》	冯卫东	35.00
	70	《合作教学操作全手册》	李春华	35.00
	71	《探究教学操作全手册》	周新桂	35.00
	72	《自主教学操作全手册》	诸葛彪	35.00
	73	《创新教学操作全手册》	王　玮	35.00
	74	《班主任工作全手册》	刘沛华	35.00
	75	《新教师工作全手册》	周震宇	35.00
	76	《学生心里健康教育全手册》	刘海莉　刘春杰	35.00
	77	《高效教学操作全手册》	马友平	35.00
校本研修系列	78	《特色校本课程开发范例解读》	刘永平　李秀伟 张雪梅	30.00
	79	《高效校本研修模型构建艺术》	刘素雁	30.00
	80	《走向实践的教研——中小学教育科研引领与应用》	江　敏	30.00

系列	序号	书　名	主编	定价
教学提升系列	81	《有思想地教阅读——让学生学会品读文字真意》	王学东	30.00
教育艺术提升系列	82	《藏在师生体态语言里的教学智慧》	张　宇　廖生波	30.00
幼师成长系列	83	《幼儿行为背后——教师如何读懂幼儿的心思》	吴亚英	30.00
	84	《最具教育力的 22 种幼儿教育思想》	杨　达	30.00
	85	《幼儿教师必知的安全应急措施》	杨　达	30.00
	86	《幼儿教师必备的教育技能》	李　玲	30.00
	87	《卓越园长 21 条幼儿园管理策略》	周　丹　江东秋	30.00
创新人才培养系列	88	《创新人才培养校园科普精品课程开发与指导 ——人大附中创新人才培养》	罗　滨	30.00
	89	《创新人才培养特色校本课程开发与创新人才培养 ——清华附中“国际安全下的科学技术”课程构建与实施》	王殿军　方　研 赵宏雁	30.00
	90	《创新人才培养：学校实验室建设与管理》	刘克文 杨发丽　杨　平	30.00
	91	《创新人才培养：数学探究活动开发与指导》	马云朋　韩继伟	30.00
	92	《创新人才培养：化学研究活动开发与指导》	王　磊	30.00
	93	《创新人才培养：物理探究活动开发与指导》	廖伯琴	30.00
	94	《创新人才培养：地理探究活动开发与指导》	张建珍　陈　澄	30.00
	95	《创新人才培养：生物探究活动开发与指导》	张迎春	30.00
	96	《创新人才培养：理念探索与思维突破》	王晶莹	30.00
教育思想者系列	97	《教育，一切从孩子出发》	黄　俭	30.00
新生代通派名师系列	98	《简约数学教学》	许卫兵	30.00
	99	《语文教学的本真——情意课堂展现母语之美》	吴建英	30.00
	100	《语文课堂的理想追求——欢快达成三维目标》	董一红	30.00
	101	《阅读教学的真髓——意象构建读出文学的真美》	祝　禧	30.00
	102	《美术教育的真谛——审美人生教育让生命绚丽成长》	陈铁梅	30.00
	103	《语文教学的理想境界——无痕教学润泽生命》	李　凤	30.00
	104	《儿童作文的本义——嬉乐作文让儿童乐并成长着》	王笑梅	30.00
	105	《名师是怎样炼成的》	王建明　王笑君	35.00